广州知识产权法院
"十年百案"（2014~2024）

100 Cases in Ten Years
Selected and Compiled by Guangzhou Intellectual Property Court

◎ 洪适权 / 主编

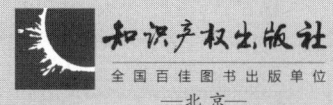

知识产权出版社
全国百佳图书出版单位
—北京—

图书在版编目（CIP）数据

广州知识产权法院"十年百案"：2014～2024 / 洪适权主编 .

北京：知识产权出版社，2024.12. — ISBN 978-7-5130-9603-4

Ⅰ. D927.650.345

中国国家版本馆 CIP 数据核字第 2024H9X087 号

责任编辑：程足芬　李芸杰　　　　　　责任校对：潘凤越

封面设计：纺印图文　　　　　　　　　责任印制：刘译文

广州知识产权法院"十年百案"（2014～2024）

洪适权　主编

出版发行：**知识产权出版社** 有限责任公司　　网　　址：http //www. ipph. cn

社　　址：北京市海淀区气象路50号院　　　　邮　　编：100081

责编电话：010 - 82000860 转 8390　　　　　责编邮箱：chengzufen@qq.com

发行电话：010 - 82000860 转 8101/8102　　发行传真：010 - 82000893/82005070/82000270

印　　刷：三河市国英印务有限公司　　　　经　　销：新华书店、各大网上书店及相关专业书店

开　　本：720mm×1000mm　1/16　　　　　印　　张：14.75

版　　次：2024 年12月第 1 版　　　　　　　印　　次：2024 年12月第 1 次印刷

字　　数：242千字　　　　　　　　　　　定　　价：86.00 元

ISBN 978 - 7 - 5130 - 9603 - 4

广州知识产权法院"十年百案"
（2014~2024）

编 委 会

主　任：洪适权

副主任：袁　峻　郑志柱　王仕第
　　　　许俊洋

编　委：黄惠环　王　珊　杨春莲
　　　　林奕濠　冯海青　庄兆佳
　　　　侯　洁

前　言

十载耕耘始见开，砥砺奋进谱新篇。

2014年12月16日，广州知识产权法院挂牌成立。设立知识产权专门法院，是党中央着眼党和国家事业发展全局作出的战略部署，为知识产权强国建设掀开了新的篇章。十年来，广州知识产权法院紧紧围绕加强知识产权保护、激励科技创新的职责使命，以建设与完善知识产权法治、依法服务于保障科技创新和健康的市场秩序为己任，充分发挥知识产权审判职能，着力激励创新创造、着力维护公平竞争、着力促进文化繁荣，逐步打造成为新领域新业态规则创造引领地、平等保护优化营商环境示范地、改革创新服务知识产权纠纷解决优选地。

十年来，广州知识产权法院办结各类知识产权案件10万余件，法官年人均结案400件，先后有3案入选最高人民法院指导性案例，2案获评中国法院10大知识产权案件，9案入选中国法院50件典型知识产权案例，3案入选"百篇优秀裁判文书"，近百案入选省部级典型案例。搭建跨区域知识产权远程诉讼平台的做法入选国务院"第三批支持创新相关改革举措"，并被写入《知识产权强国建设纲要（2021—2035年）》；多元化技术事实查明机制入选国务院知识产权强国建设第一批典型案例；先后有6个集体、16人次荣获全国荣誉。审判质效、改革创新、队伍建设各方面工作取得了长足进步与显著发展。

广州知识产权法院高度重视典型案例对促进社会进步发展的重要作用，及时发布服务科技创新、新质生产力、数据权益保护等前沿领域特色行业典型案例，标杆式裁判案例的发布指引，不断提升了广州知识产权法院的公信力和国际影响力。组织编写的《知识产权精品案例评析》系列丛书、《商标法实务研究》等著作深受广大读者喜爱，社会各界反响热烈。值此成立十周年之际，我们从历年办理的数十万案件中精心甄选，审慎评选出 100 个具有代表性、典型性、标杆性意义，具有重要社会价值的经典案件，并根据社会关注的热点、司法工作的难点、前沿领域新兴产业等分类集结，汇编成册。本书共细分为 10 个知识产权保护系列主题：服务科技创新、促进种业振兴、服务高水平对外开放、促进文化繁荣、涉互联网和数据权益、驰名商标、反垄断和反不正当竞争、商业秘密、惩罚性赔偿、技术调查，涵括了"三红蜜柚"侵害植物新品种权纠纷案，"卡波"侵害技术秘密纠纷案、德某公司诉宇某公司等财产损害赔偿纠纷案等最高人民法院指导性案例；"魔兽世界"著作权侵权及不正当竞争案、罗某公司开源软件纠纷案等中国法院 10 大知识产权案件；正某公司"喜剧之王"不正当竞争纠纷案、碧鸥国际公司侵害商标权纠纷案、字节公司侵害作品信息网络传播权纠纷案等中国法院 50 件典型知识产权案例。此外，还有冲上热搜家喻户晓的驰名商标合理保护界限之争的"今日头条"与"今日油条"侵害商标及不正当竞争纠纷案、金庸与江南同人作品案、涉及中国地理标志证明商标包装物品印制监管问题的"西湖龙井"商标权纠纷案、影响电磁屏蔽膜全球市场的"屏蔽膜"发明专利权纠纷案、涉视频广告拦截行为的互联网领域不正当竞争纠纷案、机动车检测行业会员单位集体涨价的垄断纠纷案、厘清算法平台责任助力数字经济发展的信息网络传播权纠纷案等。"十年百案"，体现了知识产权审判坚持依法平等保护、严格保护、统筹协调等司法理念；折射出广州知识产权法院法官的思考与担当、专业与智慧；展示出广州知识产权法院在服务科技创新、经济发展、产业新兴、权益保障等方面发挥的保护与促进作用。

韶光澄净，怡然同往。十年来，广州知识产权法院的每一次前进、每一步发展，都闪烁着关心支持知识产权事业发展的领导、同仁以及每一位知识产权工作者的光和热、汗水与智慧。借此书编辑出版之际，对辛勤耕耘默默付出的每一位知识产权工作者，致以最衷心的感谢与敬意！感谢你们为知识产权事业增智赋能、添砖加瓦！相信此书的出版，能够从一定程度上表达裁判思路、体现司法理念、指引产权秩序、回应社会关切，为各位知识产权工作者和广大社会民众在日常工作、生活中提供有益的借鉴与参考。广州知识产权法院亦将持续增强使命担当、紧抓时代机遇，锚定知识产权强国建设目标，不断探索知识产权司法规律，奋力推进知识产权审判事业高质量发展，为加快中国式现代化建设持续注入强劲动力。

编委会

2024 年 12 月 1 日

目录  *CONTENTS*

服务科技创新案例

促进种业振兴案例

服务高水平对外开放案例

促进文化繁荣案例

涉互联网和数据权益案例

驰名商标案例

反垄断和反不正当竞争案例

商业秘密案例

惩罚性赔偿案例

技术调查案例

服务科技创新案例

>>>>>>>>>

1. 德某公司诉宇某公司等财产损害赔偿纠纷案

（一）案情

涉案专利的申请日为 2009 年 9 月 28 日，授权日为 2012 年 5 月 30 日，登记的专利权人为水某研究所、宇某公司，登记的发明人为姜某、李某、颉某。涉案专利因未及时缴费而于 2012 年 9 月 28 日被终止。水某研究所表示因考虑到涉案专利缺乏实用价值，也从未给宇某公司带来经济利益，经与宇某公司商量，双方均同意不再续缴维持费用。德某公司主张涉案专利是姜某的职务发明，专利申请权应该属于德某公司，故分别于 2010 年、2011 年提起专利申请权纠纷诉讼，请求判令涉案专利申请权归德某公司所有。广东省高级人民法院于 2015 年 6 月 17 日作出（2014）粤高法民三终字第 31 号生效民事判决认定涉案专利的发明人系姜某，且该发明系姜某的职务发明，针对涉案专利涉及的发明创造申请专利的权利应当属于姜某当时所属单位德某公司。

（二）裁判

广州知识产权法院认为，涉案专利涉及的发明创造申请专利的权利以及专利权人应当属于姜某当时所属单位德某公司，即德某公司应享有涉案专利技术的相关权益。虽然在水某研究所、宇某公司不缴纳涉案专利年费时，涉案专利记载的专利权人仍为水某研究所、宇某公司，但此时，德某公司就涉案专利申请权问题以涉案专利属于职务发明为由再次起诉水某研究所、宇某公司的案件仍在审理中，因涉案专利技术是在姜某从德某公司离职后一年内作出，且可能与姜某在德某公司承担的本职工作或者在德某公司分配的工作任务有关，存在被认定为职务发明的可能性。因此，基于诚实信用原则，水某研究所、宇某公司负有维持涉案专利有效的善良管理的职责。水某研究所、宇某公司既是缴纳涉案专利年费的义务人，也负有维持涉案专利有效的责任，却不仅未按时缴纳涉案专利年费，而且未将不缴纳涉案专利年费致使涉案专利终止的情况及时告知德某公司、审理法院，水某研究所、宇某公司在采取相关行为时具有过错，并最终导致涉案专利终止，已经侵犯了德某公司应享有的涉案专利技术的相关权益。2019年6月21日，广州知识产权法院判决水某研究所、宇某公司共同赔偿德某公司经济损失及维权合理开支共计50万元。宇某公司、水某研究所不服提起上诉，二审驳回上诉，维持原判。

（三）意义

本案是关于在专利权权属争议期间未按时缴纳年费导致专利权终止而产生的纠纷，该案较为少见，案件审理的核心争议在于专利申请人或者登记的专利权人是否负有积极获得专利授权或者使已经获得授权的专利权维持有效的善良管理义务。本案的审理厘清了该类纠纷案由的确定、登记的专利权人是否负有使已获授权的专利权维持有效的责任、登记的专利权人未缴纳专利年费导致专利权终止失效损害他人合法权益时是否应当承担损害赔偿责任、如何确定因未缴纳专利年费导致专利权终止失效造成的经济损失的问题。该案裁判结果充分体现了"保护知识产权就是保护创新"的知识产权保护理念，在加强保护的同时更要注意合理保护，以更好地服务实体经济大局，真正起到鼓励创新的引导作用。本案二审判决作出后，入选最高人民法院第39批指导性案例（第222号）。

编写人：谭海华　林奕濠

2. 全某公司诉富某公司侵害发明专利权纠纷案

（一）案情

全某公司主张，富某公司侵害其专利号为031×××××.1、名称为"高塔造粒生产颗粒复合肥料的方法及设备"的发明专利权，造成其极大经济损失。全某公司遂诉至法院，请求判令富某公司停止侵权、拆除生产化肥的高塔造粒设备并赔偿经济损失1000万元。在提起诉讼时，全某公司提出证据保全申请，请求法院到广东省汕头市澄海区对被诉高塔造粒设备的内部结构进行勘验，封存生产复合肥所使用的原料，并调取生产复合肥工艺的生产操作手册、生产流程说明、操作规程等资料。对此，广州知识产权法院经审查认定全某公司的证据保全申请具备一定的合理性和必要性。然而，采用停机勘验的证据保全方式，将导致富某公司因停产而遭受巨大损失，容易激发潜在冲突。而且，正值春耕时节，复合肥的肥效稳定，能极大提高农作物的产量，如停止复合肥生产设备的运转，可能影响当地的春耕化肥供应及化肥价格稳定。

（二）裁判

广州知识产权法院一审认为，富某公司的涉案化肥生产项目存在《高塔喷浆造粒复合肥项目》〔2007〕64号环评报告和〔2012〕B07号"高塔复合肥项目"环保验收报告所监测的数值，可初步确定涉案生产设备及产品特征。而且，前述环评文件和环保验收报告均由汕头市生态环境局澄海区分局进行保管。据此，法院向全某公司进行释明，引导其变更保全思路，通过申请调取涉案项目的环评报告和环保验收报告来确定产品特征，将证据保全措施可能造成的影响降至最低。证据保全方式的转变，有效化解证据保全措施可能引发的矛盾和损失，并有助于解决及时向富某公司送达诉讼材料的问题，为双方的协商和解提供基础。富某公司在收到法院诉讼材料后，在法院的促成下，双方当事人最终以支付年使用费的方式达成和解，富某公司可继续使用化肥生产设备。其后，全某公司撤回起诉。2022 年 5 月 13 日，广州知识产权法院裁定准予撤诉。

（三）意义

本案属于保民生、促稳定类案件，不仅涉及双方当事人的巨额赔偿争议和停产矛盾，还涉及当地的春耕春种、农获产量的保障民生问题。广州知识产权法院在践行严格保护知识产权理念的同时，考虑保民生促稳定的大局，通过对专利技术方案和涉案设备环保规范的合理判定，灵活引导当事人变更证据保全申请的标的，为化解侵权矛盾、缓和利益冲突提供基础，促成双方化敌为友，达成专利权许可使用的合作协议，取得双赢，并最终得以有效避免延误当地农户春耕和复合肥价格波动等问题。案件的处理，彰显广州知识产权法院为乡村振兴护航、保民生促稳定的司法担当和决心，引起社会广泛关注与主流媒体的积极正面宣传，曾入选广州知识产权法院 2022 年服务和保障科技创新十大典型案例，取得良好社会效果和法律效果。

编写人：黄彩丽

3. 力某公司诉笺某奎、深某公司
专利权权属纠纷案

（一）案情

笺某奎以生物活性羟基麟灰石人工骨（载 rhBMP-2 植骨材料）技术（以下简称人工骨技术）入股力某公司，并主要负责该项目技术支持和临床转化。合作期间，笺某奎将上述项目中的核心技术"人骨形成蛋白2成熟肽及其表达"申请为个人专利（专利号为 ZL×××××××××××.×，名称为"人骨形成蛋白2成熟肽及其表达"）并转让给深某公司。力某公司主张，该专利主要利用其公司资金、设备和技术支撑完成，应属职务发明创造，遂诉至法院，请求判令上述专利权归属其名下。

（二）裁判

广州知识产权法院一审认定，在医药领域，由于其技术方案效果的可预期性较差，能否解决所要解决的技术问题或达到预期技术效果的判断多依赖于相应的实验结果的证实，且申请日后提交的补充实验证据至多可用于印证专利申请说明书中已经公开的内容，而不能改变依据原始申请文件确定的公开的事实。故实验数据在认定说明书是否公开充分上，具有特殊性，属于是否充分公开预期技术效果的重要证据。涉案专利实际利用了力某公司开展的相关试验作为实施例，来进一步支持、公开其专利技术实施效果，进而满足医药化工类专利说明书公开充分性的条件，因此才被授予发明专利。故涉案专利主要利用力某公司物质技术条件中的"不对外公开的技术资料"研发而成，应属职务发明。因此，判决确认专利号为 ZL×××××××××××.×、名称为"人骨形成蛋白2成熟肽及其表达"的发明专利权归力某公司所有。最高人民法院二审认为，涉案专利系笺某奎履行力某公司本职工作或者利用力某公司物质技术条件所完成的发明创造。2023 年 12 月 11 日，最高人民法院判决驳回上诉，维持原判。

（三）意义

本案涉及企业针对所入股之技术开展临床试验，并以该入股技术为原型申请的专利是否属于职务发明创造的问题。本案明确因专利授权确权领域中说明书公开充分性的要求，相关实验的开展与实验数据的获得，如临床试验数据，对于获得和维持医药领域的专利权至关重要，属于专利研发范畴。如果相关专利主要是利用企业所受让的入股技术，并进一步研发而成，如开展临床试验，在双方没有特别约定的情况下，应认定该专利属于职务发明创造，其权属归属公司所有而非技术出资人所有。本案裁判有助于厘清技术出资相关的专利权归属问题，明确医药行业利用临床试验数据持续创新和申请专利的权利归属规则，有助于激励临床医药行业的创新发展。

编写人：龚麒天　广东省高级人民法院民事审判第三庭副庭长
　　　　　　　　广州知识产权法院原法官
　　　　　齐　柳

4. 美某肯公司诉海某公司等侵害发明专利权纠纷案

（一）案情

美某肯公司享有专利号为 ZL×××××××××××.× 、名称为"添加剂组合物及包含其的热塑性聚合物组合物"的发明专利权，该专利包括方法及产品，主要用于聚丙烯材料，发明点在于检测最终产物相关参数是否满足数学模型来确定着色剂用量。美某肯公司主张，海某公司使用涉案专利方法、销售和许诺销售依照该专利方法直接获得的产品，以及制造、使用其专利产品，构成侵权。美某肯公司遂诉至法院，请求判令海某公司停止侵权并赔偿经济损失及合理开支 850 万元等。

（二）裁判

广州知识产权法院一审认定，涉案专利的发明贡献主要在于其发现在热塑性聚合物组合物中，被大部分评价者分级为更具视觉吸引力的样品，具有 $\Delta b*$ 与 $\Delta a*$ 或 $b*$ 与 $a*$ 满足特定不等式的性质，并据此将主观评价客观化，将最终产物满足上述不等式作为确定着色剂用量这一技术特征的依据。在美某肯公司无证据证明海某公司采用检测最终产物满足涉案专利所限定的不等式来确定着色剂用量的情况下，即便海某公司以与涉案专利实施例中相同剂量且类型完全一样的澄清剂和着色剂用于制备聚丙烯产品，亦不能据此推定被诉侵权技术方案落入涉案专利权的保护范围。被诉产品不具备涉案专利关于"着色剂用量"的技术特征，被诉侵权技术方案未落入涉案专利权的保护范围，故判决驳回美某肯公司的诉请。最高人民法院二审认为，涉案专利权利要求保护范围明显不清楚，难以认定被诉侵权技术方案落入涉案专利权的保护范围。2023 年12 月 4 日，最高人民法院判决驳回上诉，维持原判。

（三）意义

本案涉及化工类方法发明专利所涉技术参数保护范围的确定。本案明确在方法发明专利并未明确实现最终产物满足相关技术参数的具体实施手段时，不应仅因被诉产品具有相关技术参数即认定具备涉案专利权利要求的相应技术特征，避免了方法发明专利保护范围的不当扩张，有效平衡了知识产权专有权与公有领域现有技术的界限，有利于鼓励创新及营造公平竞争的市场环境。

编写人：官　健　齐　柳

5. 默某公司诉东某公司侵害
发明专利权纠纷案

（一）案情

原告默某公司是名称为"作为治疗或预防糖尿病的二肽基肽酶抑制剂的 β – 氨基四氢咪唑并（1，2-A）吡嗪和四氢三唑并（4，3-A）吡嗪"、专利号为 ZL0281×××××　的发明专利权人，被告东某公司向国家主管部门申请西格列汀二甲双胍片（Ⅲ）药品批件后，向国家医疗保障局申请进入医保目录，国家医疗保障局公示的《2020 年国家医保药品目录调整通过形式审查的申报药品名单》中包括了东某公司的西格列汀二甲双胍片（Ⅲ），默某公司据此认为东某公司实施的制造、销售、许诺销售、使用西格列汀二甲双胍片（Ⅲ）的行为侵害其涉案专利权，故诉至法院，要求东某公司停止侵权行为并赔偿经济损失及合理开支共计 200000 元。

（二）裁判

广州知识产权法院一审认为，默某公司是涉案专利的专利权人，该专利处于合法有效状态，应受法律保护，任何单位或者个人未经许可，都不得为生产经营的目的实施其专利。东某公司向国家医疗保障局申报将其获得生产批件的仿制药纳入医保目录，国家医疗保障局通过形式审查后向社会公告公示，东某公司的申报行为本质上系请求国家行政机关给予行政许可的行为，并非"以生产经营为目的"，不属于专利法意义上的许诺销售行为。国家医疗保障局公示或者公告仿制药品名称的行为属于行政机关履行职责的行为，不构成许诺销售行为。从国家医保制度的目的而言，东某公司申报进入医保目录的行为，也难以认定构成专利法意义上的许诺销售行为。东某公司申报进入医保目录行为不属于实施专利权的许诺销售行为，默某公司也未能举证证明东某公司实施了制造、销售、使用行为，其主张被诉侵权行为侵害涉案专利权的诉讼请求不能成立，遂判决驳回默某公司的全部诉讼请求。2024 年 6 月 21 日，最高人民法院作出二审判决，判决驳回上诉，维持原判。

（三）意义

涉案专利是涉及基本生存权的治疗或预防糖尿病的药品专利，保护此类专利应注重专利权人、仿制药企业以及社会公众利益的合理平衡，专利法保护专利权的最终目的在于服务社会、提升社会公众福祉。我国实行国家医保制度的目的在于通过市场和行政手段降低民众的用药成本，扩大药品可及范围，保护人民群众的身体健康，最终实现国家医保政策目的。本案属于申请医保目录是否构成专利侵权的第一案，广州知识产权法院对药品进入中国医保目录的法律制度进行了全面阐释，通过对法律制度的厘清为中国医保制度维护人民群众身体健康提供制度保障，保护人民群众切身利益，使"看病贵"问题得到一定程度缓解。

编写人：蒋华胜　杨　博

6. 某医院诉东某公司专利权
转让合同纠纷案

（一）案情

2007年2月，原告某医院获授"一种含……抗剂的复方降压制剂及其应用"发明专利权。2009年12月22日，被告东某公司与某医院签订涉案合同，约定某医院以总价400万元将涉案专利权转让给东某公司。签约后，东某公司支付了首笔转让费80万元，于2010年6月8日申请涉案专利所有权转移，于2010年8月4日登记为涉案专利权利人。

2018年3月，某医院诉至广州知识产权法院，诉请东某公司支付专利转让费320万元、从2017年6月22日起计至2018年3月31日的利息109040元、违约金320万元（共计6509040元）并承担诉讼费。至诉讼阶段，涉案专利权处于有效状态，东某公司仍未取得合同所列"复方氨氯地平替米沙坦片"（实施涉案专利研发的一种药品）的生产批件。

（二）裁判

广州知识产权法院认为，本专利权转让合同是双方真实意思表示，未违反法律禁止性规定，为有效合同。本案中，判定东某公司未付尾款的行为性质为某医院所诉之"拒付"或东某公司所辩之"暂未支付"，应以款项支付条件是否成就为前提。经审查，未出现双方合同约定的某医院应当返还转让费或东某公司无须支付后续转让费的情形，东某公司无故未付余款属于合同第十条约定的"拒付转让费"的行为，应承担相应违约责任。

2019年6月19日，广州知识产权法院判决东某公司支付某医院转让费320万元和违约金96万元。判后，双方当事人均没有上诉，判决已发生法律效力。

（三）意义

生命健康一直广受社会高度关注。本案涉及医药领域的技术成果转让。药品技术研发具有投入大、周期长、成功率低的特点，每一种创新有益的药品技术价值都应当被尊重和利用。本案中，某医院研发的涉案药品技术为一种新型针对高血压的复方药物，对多种相关疾病的治疗都是一种有益的尝试，如用于临床研究工作或进行生产，对广大高血压患者的疾病治疗具有重要意义。某医院作为医疗机构，无法组织生产实施专利，故才将涉案专利转让给东某公司，希望后者能积极进行临床研究工作，使新药早日上市，为广大高血压患者谋福祉。然而东某公司为了不影响自己正在生产的用于治疗高血压的单方药物，在受让该专利后将其束之高阁，不仅违背了双方签订合同的初衷，还严重干扰科研成果的转化，阻碍了我国医疗健康行业的进步。东某公司既不生产该专利药品，也不向某医院支付转让款的行为已构成严重违约。广州知识产权法院在法律框架内，着眼于鼓励社会创新、保障交易安全、促进诚信制度建设，对合同约定的过高的违约金予以适当调整，公平、合法、有据地妥善处理了本案纠纷。

编写人：郭小玲

7. 高某公司诉苹某公司侵害发明专利权纠纷案

（一）案情

原告高某公司起诉称，其是移动通信领域的先驱，诸多发明专利构建了当代移动通信技术的核心，高某公司指控被告苹某电脑贸易（上海）有限公司及其关联公司等四被告（以下简称苹某公司）侵害其发明专利权，要求停止进口、销售、许诺销售移动电话等移动通信产品，并要求赔偿相关合理费用。苹某公司辩称，根据高某公司与苹某公司合同制造商之间的许可协议，被控侵权产品已经获得了包括涉案专利在内的专利组合的完整许可。高某公司提起本案诉讼意图在于迫使苹某公司接受其不合理的许可要求。此外，被控侵权产品未落入涉案专利的保护范围，即便本案认定侵权成立，基于知识产权保护的比例原则和保护公共利益原则，以及避免当事人双方利益重大失衡，即便侵权成立，高某公司在本案中也不应当获得禁令救济，即停止销售、许诺销售被控侵权产品。

（二）裁判

广州知识产权法院受理本系列案后，由通信领域纠纷特色审判团队组成合议庭，并安排技术调查官全程参与技术调查工作，当事人也申请了技术辅助人员参与诉讼。经审理，合议庭在事实基本清楚、技术问题清晰、法律关系明确的情况下组织调解，并得到双方当事人的积极配合。最后高某公司与苹某公司达成全球性和解，裁定准许高某公司撤回起诉。

（三）意义

本系列案隶属于高某公司和苹某公司为各自争夺专利许可费定价优势地

位，而在全球角逐的多起知识产权诉讼中的一部分。由于涉案专利为移动通信领域关键技术，且几乎涵盖苹某公司所售所有型号手机。若侵权成立，不仅苹某公司将停止进口、生产、销售、许诺销售涉案型号产品，亦将深刻影响该领域全球范围内的技术研发、运营及实施诸环节的分工与合作。一方面，合议庭利用自身专业法院平台优势，启动国家知识产权局专利局专利审查协作广东中心、技术调查官、专家证人等多重技术判定机制，攻克专利审判痛点，为案件最终处理提供实质依据，亦为双方当事人和解提供合理参照面。另一方面，不拘泥于个案纠纷明晰，而是置身双方全球纠纷背景下，通盘考虑所涉领域上下游整体利益平衡，为促成双方当事人达成全球和解作出应有努力。最终，通过扎实合理的技术判定预期及对双方当事人诉讼背后博弈考量，成功助力双方当事人达成全球和解，并促使高某公司撤诉本案。本案的成功处理亦突显中国法院在纠纷处理中的国际视野，呈现中国法院作为全球知识产权纠纷解决"优选地"新态势。

编写人：刘　宏　王厚权

8. 京某公司诉晖某公司侵害 发明专利权纠纷案

（一）案情

原告京某网络系统股份有限公司、京某通信技术（广州）有限公司（以下简称京某公司）是"……微波器件"发明专利的专利权人。该专利对"移相器"（微波器件）现有技术进行了有益改进，曾获"中国专利金奖"等殊荣。2018年6月，京某公司等与同为上市公司的被告晖某公司共同参与并成功中标了"中国移动2018年至2019年'4+4+8+8'独立电调智能天线产品集中采购（第一批次）"项目。2019年5月15日，京某公司向晖某公司采购智能天线100副，指定晖某公司交付的天线产品的技术和质量应与其前述中标项目供应的产品技术方案一致，且须是晖某公司自产的产品。京某公司2019年6月收货后，以晖某公司制造并出售的电调智能天线产品使用的技术方案与涉案专利相同，且该产品与晖某公司参与并最终中标前述招标项目的产品技术方案一致，同为侵权产品，侵害其涉案专利权为由，诉至广州知识产权法院，诉请晖某公司停止制造、销售侵权产品等并赔偿4000万元。诉讼中，晖某公司提出不侵权抗辩和现有技术抗辩。

（二）裁判

广州知识产权法院认为，晖某公司制造、销售的被诉侵权产品的核心部件"移相器"的技术方案落入涉案专利权保护范围且其现有技术抗辩不能成立，认定晖某公司涉案行为构成专利侵权，应承担停止侵权、赔偿权利人损失等责任。赔偿数额方面，广州知识产权法院在京某公司已充分举证，晖某公司逾期未履行法院指令举证义务的情况下，以晖某公司年报为主、以京某公司证据为辅，综合可查实的数据及合理推断的数据，认为京某公司主张晖某公司侵权行为非法获利达 4000 万元合法有据。

2020 年 12 月 16 日，广州知识产权法院判决晖某公司停止侵权及赔偿京某公司共计 4000 万元。一审判决后，晖某公司提起上诉，最高人民法院二审维持了一审判决，判决已发生法律效力。

（三）意义

知识产权诉讼案件有其自身的特点，知识产权的无形性、侵权行为的隐蔽性使与侵权行为有关的证据往往由侵权人掌握，权利人在维权诉讼中难以获得证据证明自己的主张，法院往往难以查明实际损失和侵权获利，进而导致权利人维权不力、维权失利乃至失败。当控制证据的一方当事人无正当理由拒不提交相应证据，试图妨碍法院对案件事实的查明的行为违背诚实信用原则，其应承担不利的法律后果。本案适用证据妨碍规则，从司法实践层面着力解决权利人"举证难"的问题，是民事诉讼诚实信用原则在知识产权审判中的具体运用，也体现了对通信领域技术创新的保护与激励，为该行业的持续技术创新营造了良好的法治环境，也为法院处理类似案件提供了可资借鉴的司法保护实例。

编写人：郭小玲

9. 天某公司诉蓝某公司、国某公司侵害集成电路布图设计专有权纠纷案

（一）案情

天某公司系名称为"线性锂电池充电器"、登记号为 BS.16500××××布图设计（以下简称本布图设计）的权利人，其主张国某公司和蓝某公司未经许可制造、销售的被诉侵权芯片的布图设计完全复制本布图设计的三个独创点，被诉侵权芯片侵害了本布图设计专有权。天某公司遂诉至法院，请求判令蓝某公司、国某公司停止侵权，并连带赔偿天某公司经济损失及合理费用300万元。诉讼过程中，天某公司申请先行判令停止侵权行为。

（二）裁判

广州知识产权法院一审认定国某公司生产被诉侵权芯片且将芯片提供给蓝某公司进行封装并对外销售的行为，侵害了天某公司的本布图设计专有权，先行判决责令国某公司停止侵权，驳回天某公司对蓝某公司的诉讼请求。最高人民法院二审认为，国某公司既不能证明本布图设计并非权利人天某公司自己的智力劳动成果，又不能证明本布图设计属于公认的常规设计，涉案证据不足以否定天某公司主张的三个独创点的独创性，故国某公司复制天某公司的本布图设计，构成侵权。而蓝某公司作为芯片封装企业，属于对上游产品的商业利用，只要封装企业对晶圆生产提出的参数要求仅指向功能而不指定特定的布图设计，在缺乏相关证据的情况下，不能当然认定封装企业知道或者有合理理由知道晶圆布图设计的权利状况。布图设计专有权人针对将含有受保护的布图设计的集成电路或者物品善意投入商业利用的行为人提起诉讼，应视为向该善意行为人发送了侵权通知，自收到起诉状之日起，该善意行为人应向权利人支付合理的报酬。2024年3月29日，最高人民法院判决驳回上诉，维持原判。

（三）意义

本案系广州知识产权法院审理的首例侵害集成电路布图设计专有权纠纷案，亦系广州知识产权法院首次对停止侵权之诉请作出先行判决的有益尝试。本案涉及芯片这一前沿领域"卡脖子"技术问题，在近年我国经济转向高质量发展阶段备受关注。本案明确了集成电路布图设计侵权案件的审理思路，对集成电路布图设计的独创性和芯片封装企业的责任认定、善意投入商业利用时行为人支付合理报酬的义务等问题进行了阐释，为同类案件的审理提供了极具参考价值的案例样本，也有利于芯片产业发展和上、下游相关企业诚信有序开展竞争。司法实践中，集成电路布图设计类案件涉及的技术复杂，采取先行判决的方式推进审理，有利于破解知识产权案件"周期长"的难题，也为赔偿请求"定量"部分纠纷的解决奠定基础。本案的审理，体现了知识产权审判在锂电池新能源等新兴产业、重点领域、重要产品、关键核心技术领域加大司法保护力度，彰显了广州知识产权法院在粤港澳大湾区知识产权司法保护水平提升中的"头雁效应"，为因地制宜发展新质生产力注入司法动能。

编写人：郑志柱　赖彩丽

10. 火某物联公司诉物某网研究院技术开发合同纠纷案

（一）案情

2017 年 8 月 2 日，火某物联公司与物某网研究院签订《基于低功耗广域网络的物联网定位技术研究合作协议》。火某物联公司主张，物某网研究院拒不按照协议约定支付 25 万元，导致该合同项目无法继续履行。物某网研究院称可以解除合同为条件补偿 10 万元给火某物联公司。火某物联公司发送律师函要求物某网研究院继续履行合同，但物某网研究院仍拒不履行合同义务。火某物联公司遂诉至法院，请求判令物某网研究院继续履行涉案合同，若涉案合同无法继续履行，则物某网研究院应赔偿火某物联公司经济损失 50 万元。

（二）裁判

广州知识产权法院一审认定，涉案合作协议系物某网研究院与火某物联公司恶意串通，在未向涉案项目投入资金的情况下仍签订协议申报国家科技经费，并希望利用部分科技经费购买火某物联公司产品，该行为违反了国家有关科技经费使用管理的规定，损害了国家利益。根据《合同法》第 52 条第（二）项的规定，涉案合作协议系无效合同。故判决驳回火某物联公司全部诉讼请求。最高人民法院二审认为，涉案合同并非双方当事人真实的意思表示，双方当事人签订涉案合同的真实目的在于非法获得涉案项目的政府资助资金，属于恶意串通，损害国家利益，涉案合同应当认定为无效。2023 年 11 月 10 日，最高人民法院判决驳回上诉，维持原判。

（三）意义

本案涉及国家投入科技经费的国际合作项目，核心争议焦点在于涉案合同的效力。"恶意串通"是指行为人与相对人互相勾结，为牟取私利而实施的损害国家、集体或者第三人合法权益的行为。认定是否属于恶意串通的合同，需要考量如下因素：1. 主观上双方互相串通，为满足私利而损害国家、集体或者第三人合法权益的目的；2. 客观上表现为实施了一定的行为来实现非法利益。本案中，广州知识产权法院主动审查合同效力，认定涉案合同系恶意串通、损害国家利益的无效合同。此外，司法建议工作是延伸司法职能、助力社会治理的重要载体。广州知识产权法院在作出判决的同时发出司法建议，向广州市南沙区科技局提出针对性意见，建议有关单位对国家科技经费加强管理，并专门指出应加强与该案有关的科研项目申报阶段和验收阶段的管理，帮助有关单位做好法律风险防范，避免国家利益受到损害。本案入选广州知识产权法院2023年度服务和保障科技创新典型案例及十大典型案例、最高人民法院知识产权法庭成立五周年100件典型案例。

编写人：彭　盎

11. 敦某公司诉虹某公司侵害 发明专利权纠纷案

（一）案情

2015 年 7 月 2 日，原告敦某公司从案外人处受让了涉案专利。涉案专利为涉网络通信领域方法发明专利，名称为"一种简易访问网络运营商门户网站的方法"。本案中，敦某公司明确表示以权利要求 1 确定其专利权保护范围。敦某公司认为，被告虹某公司未经许可，使用涉案专利并生产、销售、许诺销售被诉侵权产品，侵害涉案专利权。故提起诉讼，请求判令被告停止侵权、赔偿损失。

（二）裁判

广州知识产权法院认为，虹某公司未经许可制造、销售、许诺销售了智能无线云 AP 系列产品。经技术比对，在具备以下条件的情况下，应当直接认定虹某公司制造、销售、许诺销售被诉侵权产品的行为构成专利侵权：一是被诉侵权方法在被诉侵权产品的制造过程中得以固化，终端用户无须借助其他特殊装置或条件，即可实现专利方法。二是被诉侵权产品使用过程中实现专利方法所达到的功能，只能使用专利方法。三是专利方法与虹某公司从制造、许诺销售、销售被诉侵权产品的行为中获得的不当利益存在密切关联。并认定虹某公司的行为构成侵权，判令其停止侵权并赔偿损失 100 余万元。一审判决后，双方当事人均未上诉，判决已发生法律效力。

（三）意义

本案涉及多方参与实施的网络通信领域发明专利。该种专利因其自身的特点，往往只能撰写成需要多个主体参与才能实施的内容。在实际应用中，被诉侵权产品常以终端设备的形式出现，相关技术以软件形式安装在硬件设备中，由终端用户在使用设备时予以实现。从表面上看，终端用户是专利方法的实施者，但是，实际上方法专利的实质内容早已在制造被诉侵权产品过程中固化。但若按照通常的专利侵权认定规则，由于未覆盖专利的全部技术特征，制造、销售被诉侵权产品的行为难以被认定为构成侵权，不利于保护该行业专利权人的利益，也不利于整个行业的稳定与创新。

本案秉承了最高人民法院知识产权法庭在"腾达"案中确定的"固化"+"不可替代实质性作用"裁判规则，即被诉侵权行为人以生产经营为目的，将专利方法的实质内容固化在被诉侵权产品中，该行为结果对技术特征被全面覆盖起到了不可替代的实质性作用，使终端用户在正常使用被诉侵权产品时就能自然再现该专利方法过程，应认定被诉侵权行为实施了该专利方法，侵害了专利权人的权利。该裁判规则充分考虑了网络通信行业的技术特点，充分尊重该领域的创新和发展规律，克服了仅在产品测试阶段认定侵权或者"间接侵权"认定的学理逻辑困境，确保专利权人的合法权利得到实质性保护，实现该行业的可持续创新和公平竞争。

编写人：丁　丽

12. O×××公司、O×××深圳分公司诉 S×××××公司滥用市场支配地位纠纷案

（一）案情

O×××公司和O×××深圳分公司是全球性智能终端制造商和移动互联网服务提供商，两者共同向广州知识产权法院提起诉讼，主张S×××××公司拥有无线通信领域相关标准必要专利，具有市场支配地位，在标准必要专利的许可协商中违反了公平、合理和无歧视（FRAND）的原则，实施了收取不公平高价许可费等滥用市场支配地位的行为，并就相同专利在不同国家提起诉讼，给O×××公司和O×××深圳分公司的经营造成负面影响和经济损失。S×××××公司提出管辖权异议，主张在案证据不足以证明广州知识产权法院对该案具有管辖权，S×××××公司已就标准必要专利许可问题在英国法院提起诉讼，本案应由英国法院审理。

（二）裁判

广州知识产权法院驳回了S×××××公司的管辖权异议。S×××××公司不服，提起上诉。最高人民法院二审认为，鉴于标准必要专利许可市场的特殊性，结合S×××××公司已在其他国家提起专利侵权诉讼，可能对O×××公司等参与国内相关市场的竞争造成直接、实质、显著的排除与限制效果，O×××公司住所地广东省东莞市可以作为本案侵权结果发生地，广州知识产权法院对本案具有管辖权。

（三）意义

本案涉及与标准必要专利有关的滥用市场支配地位垄断纠纷管辖问题，入选2021年人民法院反垄断和反不正当竞争典型案例。案件既涉及双方主体在

全球不同司法辖区平行的标准必要专利侵权纠纷对我国法院管辖垄断纠纷的影响，又涉及垄断纠纷的相关案件事实发生在国外应否适用不方便法院原则的问题。本案裁定以我国《反垄断法》第2条规定的域外适用原则为依据，对垄断纠纷的域外管辖问题进行了探索，明确了涉国际标准必要专利垄断纠纷案件的管辖规则，对人民法院依法积极行使对涉外反垄断案件的司法管辖权，充分发挥司法职能作用，维护公平竞争的市场环境具有典型意义和促进作用。

　　编写人：朱文彬　刘世汀

13. 吴某诉信某公司侵害
发明专利权纠纷案

（一）案情

吴某系专利名称为"柴油车额定功率部分负荷检测方法"的发明专利权人，其主张信某公司依据国家标准《道路运输车辆综合性能要求和检验方法》检测柴油车的动力性，采用了涉案专利权利要求 1 所述的检测方法，故信某公司未经许可实施涉案强制性标准必要专利，构成侵权。吴某遂诉至法院，请求判令信某公司支付许可使用费 36000 元。

（二）裁判

广州知识产权法院一审认为，涉案国家标准的相关检测方法落入涉案专利权利要求 1 的保护范围，涉案专利属于标准必要专利。因无证据显示吴某或其关联方曾参与涉案国家标准的起草、制定，或者向涉案国家标准起草、制定者提供涉案专利信息，或者涉案国家标准起草、制定者向吴某征询过相关意见，亦无证据显示吴某对涉案专利作出过任何形式的专利实施许可声明，故吴某不存在违反诚信原则或者 FRAND 承诺的法律负担，本案不存在明示或默示许可的情形。且涉案专利被纳入强制性标准不能视同于信某公司获得强制许可。信某公司未经吴某许可实施涉案专利，构成侵权。关于赔偿数额，应考虑涉案专利属于涉及国家强制性标准的方法发明专利，且使用频率和次数相对有限，亦非故意侵权等因素予以酌定。2024 年 6 月 26 日，广州知识产权法院判决信某公司赔偿吴某经济损失 20000 元等。双方当事人均没有提起上诉，判决已发生法律效力。

（三）意义

本案涉及现行法律、司法解释尚未明确规定的强制性标准必要专利的侵权判断规则问题。本案通过准确厘清《最高人民法院关于审理侵犯专利权纠纷案件应用法律若干问题的解释（二）》第 24 条的适用范围，明确该条只适用推荐性标准且相关专利信息已经明示的情形，而不适用于强制性标准，故该条所述根据过错来确定责任承担的规则，亦不适用于涉强制性标准必要专利的侵权认定。在权利人对专利被纳入强制性标准并不知情的情形下，行为人未经许可使用强制性国家标准的行为构成侵权，行为人是否具有过错不影响侵权认定。本案对于涉强制性标准必要专利的侵权判断规则的探索对同类案件有重要参考意义。

编写人：官　健　齐　柳

14. 正某公司诉轻某公司等专利权权属及专利申请权权属纠纷案

（一）案情

2022年1月5日，正某公司与轻某公司投资成立兴某公司，并合作开发"一体成型汽车桥壳项目"。高某某于2021年9月至2022年5月期间在兴某公司工作，承担研发缩管机以及建设一体桥壳生产线任务。2022年5月至6月，轻某公司向国家知识产权局提交七项专利申请（包括四项实用新型专利和三项发明专利），其中四项实用新型专利申请已获授权，发明人为高某某等。正某公司主张涉案七项专利均属职务发明，专利权应归属于兴某公司，但正某公司多次要求轻某公司将涉案专利归还兴某公司未果，且正某公司多次向兴某公司请求提起诉讼均未获兴某公司董事会通过。正某公司随后以股东身份请求兴某公司监事对轻某公司、高某某损害兴某公司利益的行为提起诉讼，但兴某公司的监事亦未理会。正某公司遂以自己名义诉至法院，请求确认涉案四项实用新型专利权、三项发明专利申请权归兴某公司所有。

（二）裁判

广州知识产权法院一审认为，正某公司作为兴某公司股东，主张另一股东轻某公司与前员工高某某共同将本应属兴某公司职务发明的涉案专利申请登记在轻某公司名下，侵害兴某公司利益，其在已向兴某公司监事提出提起诉讼的书面请求超过30日仍未果的情况下，有权为了兴某公司利益而以自己名义直接提起本案诉讼。同时，当发明人所承担的本职工作或本单位交付的本职工作之外的任务与发明创造具有高度关联性时，可认定该发明创造为发明人"执行本单位的任务"所完成。据此，涉案七项专利或专利申请，均属高某某在兴某公司任职期间或在离职后一年内完成，且均与高某某在兴某公司的本职工作具有相关性，可认定涉案发明创造属于职务发明，兴某公司系涉案专利及专利申请的权利人。2024 年 5 月 28 日，广州知识产权法院判决确认涉案四项实用新型专利权、三项发明专利申请权归兴某公司所有。双方当事人均没有提起上诉，判决已发生法律效力。

（三）意义

本案涉及知识产权法与公司法的交叉适用，类型新颖。本案判决既明确了股东代表诉讼制度适用条件的审查标准，亦明确了职务发明创造中"执行本单位的任务"的认定标准。在股东代表诉讼制度适用方面，本案对提起代表诉讼的股东资格以及提起股东代表诉讼的前置程序等法定条件进行审慎审查，保障了股东依法行使代表公司提起诉讼、维护公司合法权益的权利，并防止了个别股东随意使用诉讼权利，影响公司的正常经营活动等不利情况的出现，更有效地发挥股东代表诉讼的制度功用。在职务发明创造权利归属的处理认定上，本案准确把握职务发明的要件和特征，对何谓"执行本单位的任务"、公司筹备期间对权利归属的影响，如何把握"相关性"尺度等问题，提供了生动案例。本案在注重维护原单位、离职员工以及离职员工新任职单位之间利益平衡的基础上，依法保障原单位对确属职务发明创造的科学技术成果享有的合法权利，有利于鼓励和支持企业积极参与创新创造，进一步促进创新驱动发展。

编写人：肖海棠　杨春莲

15. 美某公司与华某公司专利行政调解协议司法确认案

（一）案情

申请人美某公司是一种真空负压系统发明专利以及一种敷料实用新型专利的专利权人，在发现华某公司制造、销售、许诺销售的某款护创材料产品侵犯其专利权后，向广州开发区知识产权局提出专利侵权纠纷行政处理请求。广州开发区知识产权局根据双方当事人的调解意愿主持调解，双方当事人达成调解协议并签署《专利侵权纠纷调解协议书》，共同就该调解协议向广州知识产权法院申请司法确认。

（二）裁判

广州知识产权法院依法受理后，经审查作出民事裁定书，裁定认为，专利权人美某公司涉案专利权稳定有效，华某公司认可其实施了侵犯美某公司涉案专利权的行为，经知识产权行政管理部门主持调解后，美某公司与华某公司达成调解协议，约定华某公司停止侵权并向美某公司支付维权合理费用等。该调解协议符合自愿原则，并符合法律规定。裁定确认双方经知识产权行政管理部门主持调解达成的调解协议合法有效，当事人应当按照行政调解协议的约定自觉履行义务，一方当事人拒绝履行或未全部履行的，另一方当事人可以向人民法院申请强制执行。

（三）意义

本案是广州市首例知识产权纠纷行政调解协议司法确认案例。2021 年 9 月 23 日，中共中央、国务院印发《知识产权强国建设纲要（2021—2035 年）》。纲要指出，要"健全知识产权行政保护与司法保护衔接机制，形成保护合力""探索依当事人申请的知识产权纠纷行政调解协议司法确认制度"。本案成功审结，标志着广州知识产权法院知识产权纠纷行政调解协议司法确认机制确立。知识产权纠纷行政调解协议经司法确认后，可以获得裁判意义上的形式确定力和强制执行力，对推动建立"行政调解＋司法确认"工作机制衔接，完善知识产权纠纷多元化解路径，构建知识产权大保护格局具有积极的意义。

编写人：黄惠环　陈晓兰

促进种业振兴案例

16. 蔡某诉润某公司侵害
植物新品种权纠纷案

（一）案情

蔡某系品种权号为 CNA2009××××.9、名称为"三红蜜柚"的植物新品种的权利人，其认为蜜柚果实的籽粒、果实内的汁胞作为植物体的部分，属于繁殖材料，主张润某公司连续大量销售"三红蜜柚"果实，侵害其涉案植物新品种权，遂诉至法院，请求判令润某公司停止侵权并赔偿损失。

（二）裁判

广州知识产权法院一审认定作为收获材料的被诉侵权蜜柚果实不应认定为繁殖材料，被诉销售收获材料的行为不构成侵权，判决驳回蔡某的诉讼请求。最高人民法院二审认为，依据本案应当适用的 2015 年修订的《种子法》，授权品种的繁殖材料是植物新品种权的保护范围，是品种权人行使排他独占权的基础。授权品种的保护范围不限于申请品种权时所采取的特定方式获得的繁殖材料，即使不同于植物新品种权授权阶段育种者所普遍使用的繁殖材料，其他植物材料可用于授权品种繁殖材料的，亦应纳入植物新品种权的保护范围。植物材料被认定为某一授权品种的繁殖材料，必须同时满足以下要件：属于活体，具有繁殖能力，并且繁殖出的新个体与该授权品种的特征特性相同。综合考虑涉案品种的具体情况、专家辅助人意见以及植物组织培养技术的实际，被诉侵权蜜柚果实的籽粒以及果实内的汁胞均不具备繁殖授权品种"三红蜜柚"的能力，不属于"三红蜜柚"品种的繁殖材料。故被诉侵权蜜柚果实不属于植物新品种权保护的范围，润某公司的被诉行为并未侵害涉案植物新品种权。2019 年12 月 10 日，最高人民法院判决驳回上诉，维持原判。

（三）意义

本案系广州知识产权法院第一起被编入指导性案例的案件，入选"2019年中国法院50件典型知识产权案例"和"2020年农业植物新品种保护十大典型案例"。植物新品种权是一项专门为有生命的植物品种创新提供保护的知识产权，与专利所保护的发明能够以书面形式描述不同，繁殖材料才是植物品种创新成果的体现。而如何判断涉案植物材料是否属于受保护品种的"繁殖材料"，直接关系品种权侵权行为的认定，是当前国际国内植物新品种保护实践中面临的难题。该案经过二审法院审理，提出了植物材料被认定为某一授权品种繁殖材料的三项判断标准，并从繁殖材料和收获材料，以及繁殖材料与繁育方式的关系角度做了充分阐述，进而厘清了我国植物新品种权的保护范围，解决了植物新品种保护中最为关键也最为基础的问题。该案例为业界深入理解通过繁殖材料保护品种这一品种权保护制度的根基提供了一份标杆判决，确立了品种权保护范围的法律适用问题规则体系，对我国植物新品种保护实践，乃至国际植物新品种保护实践产生了重要影响。本案提出的关于授权品种繁殖材料的判断要件对解决国际植物新品种保护联盟公约中繁殖材料与收获材料的关系具有重要意义，是中国法院为世界知识产权保护贡献中国智慧、中国经验和中国方案的具体体现。之后的情况表明，该案例对立法机关启动《种子法》第28条的修改起到了推动作用；2021年出台的《最高人民法院关于审理侵害植物新品种权纠纷案件具体应用法律问题的若干规定（二）》亦吸收了该案的裁判规则。

编写人：郑志柱　赖彩丽

17. 台某公司诉农某中心侵害
植物新品种权纠纷案

（一）案情

台某公司是"粤禾丝苗"品种权的独占许可实施人，同时独占享有对"恒丰A"配组品种审定区域（广东和广西区域除外）的生产经营权。农某中心使用台某公司享有权利的"粤禾丝苗"和"恒丰A"组配出新的品种"恒丰优粤禾丝苗"，并向农业部植物新品种保护办公室申请了品种权保护，向广东省农作物品种审定委员会申请了审定。台某公司认为农某中心组配"恒丰优粤禾丝苗"、申请植物新品种权、品种审定的行为及实施上述行为过程中必然存在重复使用授权品种生产申请品种的繁殖材料的行为，均构成侵权。农某中心确认其存在申请植物新品种权、品种审定和为上述目的提供必要繁殖材料的事实，但认为其行为属于科研育种范畴，不构成侵权。

（二）裁判

广州知识产权法院认为，农某中心的被诉行为是否侵权，关键在于判断上述行为是属于科研范畴还是属于商业行为。其一，组配"恒丰优粤禾丝苗"的行为属于科研范畴，不构成侵权。其二，农某中心作为育种单位，在育种完成之后，农某中心有权就新培育出的"恒丰优粤禾丝苗"申请植物新品种权。植物新品种权并不因培育出新品种而自动取得，申请行为是获取植物新品种权的前置程序，申请植物新品种权的行为本身并不具有商业目的，不构成侵权。其三，组配只是科研育种活动过程中的一个关键环节，组配成功并不意味着科研育种活动即告终结，育种成果还需要经过有关部门的审定，只有审定通过，育种才算完成，科研活动才算结束。通过审定也是主要农作物品种进入市场的准入条件。通过审定是科研育种与商业目的之间的分水岭，农某中心培育出"恒丰优粤禾丝苗"后申请审定的行为仍属于科研育种范畴。其四，根据我国《种子法》鼓励、培育、推广良种的立法本意和解释，如要将最高人民法院司法解释中的"重复以授权品种的繁殖材料为亲本与其他亲本另行繁殖"认定为有商业目的，需要对"重复"二字进行限缩解释，将其限定在以市场销售为目的的重复。例如，重复生产以获得大量预售种子资源，即将育种过程中必然产生的重复生产，如为了达到用于育种的合理数量的种子等情况排除在外。因此，农某中心在申请植物新品种权和申请审定的过程中重复使用"恒丰 A"和"粤禾丝苗"生产"恒丰优粤禾丝苗"的行为不构成为商业目的。2020 年 6 月 30 日，广州知识产权法院依法判决驳回了台某公司的全部诉讼请求。台某公司不服提起上诉，二审驳回上诉，维持原判。

（三）意义

本判决依据我国《种子法》鼓励、培育、推广良种的立法宗旨，开创性地认定被告以原告享有权利的植物新品种"粤禾丝苗"和"恒丰 A"组配出"恒丰优粤禾丝苗"，并申请审定、申请植物新品种权的行为不属于商业性使用，不构成侵权，厘清了育种行为本身以及育种后申请审定、申请植物新品种权的行为与育种后商业性使用行为的边界，为育种者的合法育种行为提供了司法保障，对育种者进行合法培育、推广良种起到推动作用。本案裁判填补了法律空白，被评为农业农村部 2021 年农业植物新品种保护十大典型案例。《最高人民法院关于审理侵害植物新品种权纠纷案件具体应用法律问题的若干规定（二）》第 11 条完整吸收了本案裁判要旨。本案还被广东省高级人民法院写入向广东省十三届人大五次会议所作的年度工作报告中，并入选《人民法院案例选》（2022 年第 3 辑）。

编写人：谭海华

18. 二安某公司诉科某公司侵害植物新品种权纠纷案

（一）案情

荷兰安某公司、昆明安某有限公司（以下简称二安某公司）分别是"安祖奥利尔"红掌植物新品种的品种权人及独占实施被许可人，其向科某公司购得被诉侵权红掌，并自行委托相关机构对被诉侵权物与其送检样品进行基因测试及田间观察测试。基因测试报告载明两者在所选29个位点的指纹图谱一致；田间测试因所提交的被诉侵权物不符合测试要求，未有结果。二安某公司遂诉至法院，请求判令科某公司停止生产、繁殖、销售授权品种繁殖材料，并赔偿187万元。

（二）裁判

广州知识产权法院一审认定，二安某公司自行委托的基因测试报告虽不是鉴定意见，但可参照鉴定意见进行审查，由于该测试在送检材料、测试方法和程序规范性等方面均存在瑕疵，故不予采信。因红掌类品种的基因测试尚未建立国家或行业标准，且科某公司明确反对以基因检测鉴定进行同一性判定，故不同意二安某公司关于基因检测鉴定的申请，而同意其田间观察检测的鉴定申请。二安某公司作为本案争议焦点证明方和鉴定申请方，有责任在合理期限内提交符合条件的鉴定材料。考虑到通过组培、分蘖、侧芽等扩繁方式获得符合条件的鉴定材料所需时间远超合理期限，且扩繁所获得的检材具有一定变异风险，以及二安某公司诉前明知被诉侵权物不符合鉴定条件但未及时采取补救措施具有过错等因素，故不同意其对被诉侵权物扩繁后再进行鉴定的主张。二安某公司不能证明被诉侵权物与其授权品种的特征、特性相同，遂判决驳回其全部诉讼请求。宣判后，二安某公司不服提起上诉后又申请撤回。2023年4月

23 日，最高人民法院裁定，准许二安某公司撤回上诉，一审判决生效。

（三）意义

本案系无基因指纹图谱检测标准品种的同一性判定的典型案例。广州知识产权法院确立了当事人单方委托的基因测试报告可参照鉴定意见进行审查；当授权品种尚无基因指纹图谱国家或行业标准，且一方当事人明确反对的情况下，不应同意另一方当事人的基因检测鉴定申请；是否同意对被诉侵权物扩繁后再进行鉴定的申请，应综合考虑双方的举证责任、扩繁技术的可行性以及当事人是否具有过错等因素的裁判规则。作为国内首批"红掌"植物新品种侵权纠纷案之一，本案裁判规则对于权利人有效维权、当事人正确举证、人民法院公正处理类案均具有重要的指引和参考价值。本案入选"2023 年度广东法院知识产权司法保护十大案件"，本案裁判文书入选最高人民法院第六届全国法院"百篇优秀裁判文书"，相关媒体亦对本案予以专门报道，获得良好的法律效果和社会效果。

编写人：龚麒天　广东省高级人民法院民事审判第三庭副庭长
　　　　　　　　广州知识产权法院原法官
　　　　齐　柳

19. 棕某园艺公司诉浪某种植合作社侵害植物新品种权纠纷案

（一）案情

棕某园艺公司经品种权人棕某园林股份有限公司授权，取得"夏梦衍平""夏梦小旋""夏日七心""夏咏国色"系列茶花植物新品种权的独占经营许可。棕某园艺公司主张，浪某种植合作社未经许可所种植的茶花植株侵害了其对前述植物新品种享有的权利，造成其严重损失，遂提起前述品种权系列诉讼，请求判令浪某种植合作社停止侵权、赔偿经济损失。

（二）裁判

广州知识产权法院一审认为，关于被诉繁殖材料与涉案品种权的特征、特性是否相同的问题，虽然茶花类木本植物的品种特征、特性检测缺乏基因检测的行业标准，但可通过聚合酶链式反应（PCR）扩增及电泳方法确定品种的显性位点检测，实现木本类植物的基因指纹图谱检测。国家林草局植物新品种分子测定实验室采用简单重复序列标记（SSR 分子标记）法对当庭取证并送检的繁殖材料进行基因指纹图谱检测并得出结论认为，被诉繁殖材料与授权品种在选定位点上的 DNA 指纹图谱完全一致。据此，可认定浪某种植合作社繁殖被诉茶花植株的行为，构成对涉案植物新品种权的侵害。综合考虑浪某种植合作社的故意侵权性质以及同时侵害权利人多项植物新品种权、侵权繁殖材料种植面积广、侵权时间持续长的侵权情节，浪某种植合作社应在法定幅度内承担较重的赔偿责任，故判决浪某种植合作社停止侵权、赔偿经济损失及维权合理费用共计 135 万元。最高人民法院二审认为，一审判决关于浪某种植合作社侵害涉案植物新品种权的认定以及关于赔偿金额的确定，均无不当。2022 年 11 月 4 日，最高人民法院判决驳回上诉，维持原判。

（三）意义

在茶花植物新品种权系列纠纷中，广州知识产权法院依法采用 DNA 基因指纹图谱检测方法确定茶花类品种繁殖材料的同一性，有效地缩短了检测时间，更好更快地查清争点、定分止争，缩短权利人维权周期，提升司法效率。同时，针对侵权人存在故意侵权、同时侵害权利人多项植物新品种权、侵权时间持续长等严重侵权情节，广州知识产权法院坚决从严追究，以高额赔偿责任重拳出击，让侵权者付出更重代价，以严格公正司法树立鲜明导向，净化种业市场，为种业高质量发展保驾护航，以公正与效率护航种业新质生产力发展。本案入选 2022 年度广东省知识产权"十大亮点"、2022 年广州知识产权保护十大典型案例，曾被广东广播电视台、《人民法院报》、《中国花卉报》等媒体进行正面宣传报道。

编写人：黄彩丽

20.恒某农业公司诉乾某农业公司等侵害植物新品种权纠纷案

（一）案情

恒某农业公司系"W××××""T××"玉米植物新品种权共有人，其使用上述品种作为父、母本选育的"彩甜糯6号"通过国家玉米品种审定。乾某农业公司售出的被诉侵权玉米种子，包装袋正面标有"广彩甜糯3号""非转基因杂交一代"等信息。恒某农业公司主张，前述玉米种子系使用"W××××""T××"作为亲本获得的杂交品种；乾某农业公司、清某种子公司、英城蔬某种子商店未经授权许可，擅自生产并对外销售"广彩甜糯3号"玉米种子，侵害其合法权益。恒某农业公司遂诉至法院，请求判令乾某农业公司、清某种子公司、英城蔬某种子商店停止侵权并赔偿经济损失100万元等。

（二）裁判

广州知识产权法院一审认为，授权品种是否为生产另一品种繁殖材料的亲本，是认定本案侵权行为是否成立的关键事实。虽杂交玉米亲本关系的检测技术缺乏国家及行业标准，且检测机构因被诉品种与授权玉米品种在4个位点存在异质性而无法得出两品种之间是否相同的结论，但结合杂交玉米的遗传规律和基因检测技术，从可检出40个位点基因型的单株进行比对可发现，被诉种子"广彩甜糯3号"的部分检测单株与"彩甜糯6号"部分检测单株的40个检测位点bp值无差异，两者基因组DNA中简单重复序列的重复次数无差异，且两者其余检测单株之间的40个比较位点bq值重合度高，可初步证明被诉品种"广彩甜糯3号"与涉案审定品种"彩甜糯6号"构成基因型相同或者极近似品种。又因审定品种"彩甜糯6号"是由涉案"W××××""T××"品种作为亲本进行杂交选育的品种，故被诉种子使用与审定品种"彩甜糯6号"相同的父、母本这一事实具有高度可能性。乾某农业公司作为被诉种子的生产者，未说明及举证证实"广彩甜糯 3 号"品种的父、母本信息，也未能提交相反证据证实被诉品种"广彩甜糯 3 号"是由"W××××""T××"以外的亲本所繁殖，其应承担举证不能的法律后果。乾某农业公司的行为构成侵害植物新品种权，故判决乾某农业公司停止侵权、赔偿恒某农业公司共计 216000 元。2024 年 7 月 24 日，最高人民法院二审以调解结案。

（三）意义

种子作为现代农业的芯片，是确保国家粮食安全和农业农村高质量发展的源头。加强种业知识产权保护，是对种业创新者最大的保护、对增强种业竞争力最大的支持。广州知识产权法院依法在检测机构的基因检测报告未能得出唯一结论的情况下，结合杂交玉米遗传及培育规律、植物品种基因技术和举证责任的相关法律规定，有效解决品种权人的维权难题，净化相关种业市场，以严格公正司法树立强化种业知识产权保护的鲜明导向，为推进种业振兴和维护国家粮食安全保驾护航。在大力保护植物新品种权的同时，广州知识产权法院还将本案被告销售未经审定主要农作物的违法线索移送广东省农业农村厅进一步处理，从而实现种业知识产权司法保护与行政保护的有效衔接，促进农业新质生产力，助力农业现代化。

编写人：黄彩丽　杨　岚

服务高水平对外开放案例

21. 正某公司、李某诉星某公司不正当竞争纠纷案

（一）案情

星某公司是电影《喜剧之王》的出品公司及版权持有人，该片导演为周星驰、李某。《喜剧之王》于1999年2月至3月在香港上映，票房位列1999年最卖座香港影片榜首。2018年3～4月，李某、正某公司分别在新浪微博账号"李某导演""正某影视"上发布多条宣传被诉侵权电视剧《喜剧之王2018》及演员海选试镜会的微博。李某还发表微博称"香港导演李某自1999年拍摄电影《喜剧之王》后，意犹未尽，……周星驰御用导演李某喊你来试镜啦！"星某公司以正某公司和李某实施的上述行为构成仿冒混淆及虚假宣传等不正当竞争行为为由，提起本案诉讼。

（二）裁判

广东省广州市天河区人民法院一审认为，电影《喜剧之王》及其名称在我国内地具有较高知名度，构成有一定影响的商品名称。正某公司、李某未经许可使用"喜剧之王"，构成擅自使用有一定影响的商品名称及虚假宣传的不正当竞争行为，应当承担停止侵害并赔偿经济损失的民事责任。正某公司与李某不服一审判决，提起上诉。广州知识产权法院二审认为，除考虑电影在香港影院上映期间票房收入、电影上映前及上映期间证明宣传力度的相关数据之外；还应当考虑电影授权视频网站播放过程中的播放量、相关媒体对于电影持续报道程度、相关公众在与电影相关的豆瓣、知乎、微博等平台上对于电影评价的参与程度；及电影名称搭配电影相关情节、台词、配乐等多年来以多种方式获得持续关注，充分证明涉案电影名称达到"有一定影响"的知名度，已有充分证据证明电影《喜剧之王》及其名称的知名度已从香港传播到我国内地，并在

我国内地相关公众中形成了很高的知名度，遂判决驳回上诉、维持原判。

（三）意义

保护视听作品名称是跨著作权与反不正当竞争领域的交叉问题，本案是制止仿冒混淆及虚假宣传行为的典型案例。人民法院在审查判断涉案电影作品名称知名度的过程中，不仅全面审查了其在香港影院上映期间的票房收入、宣传力度的相关证据，还充分考虑了涉案电影从院线下架后的线上播放量、光盘销售量，相关媒体对于电影持续报道、推介程度等因素，有力制止了电影市场竞争中的"搭便车"行为。本案是人民法院为深入推进粤港澳大湾区建设提供有力司法服务和保障的生动实践。本案于 2022 年 4 月被最高人民法院评为 2021年度中国法院 50 件知识产权典型案例，同时被广东省高级人民法院评为粤港澳大湾区典型案例，案件裁判结果为深入推进粤港澳大湾区建设提供有力司法服务，案件宣判后被《中国知识产权报》、广东广播电视台《湾区睇法》节目、广东省高级人民法院官方公众号等宣传报道，获得良好的法律效果和社会效果。

编写人：朱文彬

22. 克某诉问某公司、贝某公司等侵害外观设计专利权纠纷案

（一）案情

申请人外观设计专利权人克某向法院提起诉前临时禁令，诉称被申请人问某公司、贝某公司等未经许可，正大量制造、销售以及许诺销售被诉侵权产品，如不及时对该行为加以制止，将对其合法权益造成难以弥补的损害，请求法院责令问某公司停止制造、销售、许诺销售涉案被诉侵权产品，贝某公司停止制造涉案被诉侵权产品。

（二）裁判

广州知识产权法院经听证后认为，申请人涉案专利稳定有效；被申请人正在实施的行为存在侵犯专利权的可能性；不采取禁令措施，将给申请人的合法权益造成难以弥补的损害；颁发禁令给被申请人带来的损失小于不颁发禁令给申请人带来的损失；责令被申请人停止有关行为未损害社会公共利益；申请人已提供了有效、适当的担保。2016 年 6 月 22 日，广州知识产权法院裁定被申请人问某公司立即停止制造、销售、许诺销售被诉侵权产品，被申请人贝某公司立即停止制造被诉侵权产品。

（三）意义

本案系北京、上海、广州三家知识产权法院成立以来的首宗专利诉前禁令，且为涉外诉前禁令，受到了社会各界的广泛关注。诉前禁令是保障当事人利益的重要措施，现行法律对诉前禁令应审查的具体内容未作明确规定。本案依据现有法律法规、司法解释开创性地提出对专利诉前禁令申请的审查应包括以下六项内容，即涉案专利是否稳定有效；被申请人正在实施的行为是否具

有侵权的可能性；不颁发禁令是否会给申请人的合法权益造成难以弥补的损害；颁发禁令给被申请人带来的损失是否小于或相当于不颁发禁令给申请人带来的损失；颁发禁令是否会损害社会公共利益；申请人提供的担保是否有效、适当。本案除全面阐述对禁令申请所应审查的内容外，还创新性地提出只有符合"颁发禁令给被申请人带来的损失小于或相当于不颁发禁令给申请人带来的损失，才可颁发禁令"的观点，填补了立法的空白，同时，明确了对申请人的合法权益是否造成难以弥补损害的具体判断方法。本案禁令颁发后，被申请人主动履行了裁定。此案禁令的颁发，不但有效地制止了本案侵权人的侵权行为，同时还震慑了案外其他侵权者，防止了权利人的专利产品市场被进一步侵蚀，避免了权利人赢了官司输了市场现象的发生，有力保障了市场秩序和权利人的利益，取得良好社会效果，对此后各类案件的诉前禁令审查有较强的指导作用。本案入选最高人民法院"2016 年度中国法院知识产权司法保护 50 个典型案例"、广东法院经典百案（1978～2018 年）、广东省高级人民法院"2016年度广东省知识产权审判十大案例"、"2016 年度广州知识产权法院十大典型案例"、华南国际知识产权研究院等单位"2016 年广东省首届十大涉外知识产权案例"，并被作为典型案例写入最高人民法院周强院长向全国人大常委会所作的关于知识产权法院工作专题汇报中。

编写人：谭海华

23. 日本大某公司诉广州方某公司侵害发明专利权纠纷案

（一）案情

日本大某公司是专利号为 ZL×××××××××××.7、名称为"印刷布线板用屏蔽膜以及印刷布线板"发明专利权人，该专利至今合法有效，应受法律保护，日本大某公司在本案中主张保护的是该专利权利要求 8、9、10。日本大某公司诉称，广州方某公司未经日本大某公司许可，擅自大量制造、销售、许诺销售侵害日本大某公司专利权的 8 款屏蔽膜产品，获利巨大，给日本大某公司造成了巨大的经济损失，故诉至法院请求判令广州方某公司立即停止侵权并赔偿日本大某公司经济损失和合理维权费用共计 9272 万元。

（二）裁判

广州知识产权法院经审理认为，虽然广州方某公司制造、销售、许诺销售了被诉侵权产品，但由于被诉侵权技术方案未包含"第一金属层以沿着所述绝缘层的所述单面表面成为波纹结构的方式形成"的技术特征，未落入涉案专利权的保护范围，因此广州方某公司的行为不构成侵权。2017 年 7 月 21 日，广州知识产权法院依法判决驳回日本大某公司的全部诉讼请求。一审宣判后，日本大某公司不服提起上诉。广东省高级人民法院作出二审民事判决：驳回上诉，维持原判。

（三）意义

本案诉讼所涉的情形是，在电磁屏蔽膜行业全球市场规模排名靠前的中国企业制造、销售的产品中使用的核心技术属于我国企业自主创新还是侵害日本企业发明专利权的问题，涉案索赔金额高达 9200 余万元，案件结果会给全球相关行业格局带来深远影响。法院经过证据保全、传唤鉴定人、开庭审理、咨询技术调查官等合法程序，平等对待国内外当事人，依法保护双方在诉讼中的权利，公正审慎地进行审理。法院在对权利要求进行解释时，除了应当运用说明书、附图及其他相关权利要求，还应当结合专利审查档案进行解释。权利人在侵权诉讼中主张与申请时所同意的审查意见相左的意见，明显有违诚实信用原则的，即使不涉及根据禁止反悔原则限制等同原则适用的特定情形，亦不应得到法院的支持。通过审查专利审查档案的内容，可以明确申请人在专利申请过程中对于专利权保护范围所作的真实意思表示与客观行为，确定国家知识产权局与申请人在划定专利权边界上达成了何种一致的意见，并对社会公众形成了何种公示作用，从而使法院认定的专利权保护范围符合专利权产生时所公示的边界，符合国家授予、保护这种专有性、垄断性权利的初衷，如此才能为社会公众提供明确的法律预期，避免不当压缩社会公众对于公有技术自由运用的空间。基于此，法院从专利文本对社会公众形成的公示作用角度，认为侵权判定过程中的专利权保护范围必须符合专利权产生时所公示的边界，必须符合国家授予和保护这种专有权利的初衷，从而阻却专利权人在申请环节与维权环节"两头得利"导致的对技术的不当垄断，保障社会公众在专利权保护范围之外的技术运用以及后续技术创新的合理空间。本案彰显了司法权护航新兴产业、繁荣技术创新市场的信心和能力。本案入选 2018 年广东省服务创新驱动发展十大典型案例、广东省服务保障民营企业健康发展十大典型案件及 2018 年第三届广东省十大涉外知识产权案件。

编写人：朱文彬

24. 奥某公司与锐某公司著作权许可使用合同纠纷案

（一）案情

案外人辛某于 2002 年将第 4～8 部佐菲等动画作品有关权利授权给奥某公司。奥某公司于 2005 年与锐某公司签订涉案《合作协议》及相关协议，约定锐某公司在奥某公司系列片完成制作交付起享有 15 年的第 4～8 部动画作品涉案权利，交付时间为 2006 年。2008 年辛某将相关权利全部转让给案外人 U 某公司。锐某公司与奥某公司对 2005 年涉案《合作协议》及相关协议的效力以及锐某公司获得奥特曼相关授权许可内容及期限等产生纠纷，遂诉至法院。锐某公司请求确认《合作协议》合法有效。奥某公司提出反诉，请求确认《合作协议》及相关协议已于 2008 年解除。

（二）裁判

广州知识产权法院认为，在知识产权领域，对于在先签订的知识产权许可合同，知识产权在后转让不影响在先许可合同的效力；至于在先被许可人是否能够继续享有许可使用权，则应当适用登记对抗原则，非经登记不得对抗善意的在后受让人；但对于具有主观过错的在后受让人，即使在先被许可人没有进行许可登记备案也得以对抗，继续享有在先许可使用权。由于现有证据不能证明在后受让人 U 某公司相对于在先许可的锐某公司而言属于善意的受让人，因此，锐某公司于合同约定期限内继续享有在先许可使用权。奥某公司未在 2006 年依约完成奥特曼新系列片的制作和交付，构成违约。由于奥某公司自 2008 年起已无法履行《合作协议》约定的义务，该情形属于协议约定的不可抗力因素，故涉案动画作品的独占许可使用权的授权截止期限应当延至合同约定的不可抗力之后 15 年，遂判决涉案合同权利义务于 2023 年终止。

（三）意义

本案是知识产权合同"转让不破许可"的典型案例。本案涉及佐菲等动画相关作品的著作权、商品化权利等在中国境内的许可使用权的涉外合同争议，是解决该动画作品在中国境内相关授权基础法律关系的源头案件。本案探讨了知识产权合同中"转让不破许可"在不同场景下的适用规则，充分考量了双方当事人及社会公共利益的平衡，为类案审理提供了可借鉴的思路。本案被评选为 2023 年度广东知识产权审判十大案件。

编写人：朱文彬

25. 香某公司诉叶某宗侵害商标权纠纷案

（一）案情

原告香某公司系"**CC**"（注册证第 G1×××××9 号）注册商标所有人，该注册商标核定在第 14 类商品"首饰盒；钥匙环；首饰用品，手镯，胸针，链子，耳环；帽饰，项链；……"上使用，注册有效期限自 2013 年 7 月 8 日至 2023 年 7 月 8 日。2016 年 6 月 7 日，广州市海珠区工商行政管理局（以下简称海珠区工商局）经检查发现，广州市海珠区孟某首饰店（2017 年 7 月 10 日注销）销售有形状为"**CC**"的首饰一批，该首饰店的经营者为被告叶某宗。经"**CC**"商标注册人的代理人现场鉴定该批首饰为侵权商品，故海珠区工商局对叶某宗作出《行政处罚决定书》，认定其侵犯了香某公司的注册商标专用权。香某公司以叶某宗的饰品侵害了其商标专用权为由，请求判令叶某宗赔偿其经济损失及合理费用 10 万元。

（二）裁判

广东省广州市海珠区人民法院一审认为，海珠区工商局作出的行政处罚决定书载明广州市海珠区孟某首饰店销售了形状为"**CC**"的首饰，认定叶某宗的行为属于侵犯香某公司商标专用权的行为。因此香某公司主张叶某宗承担赔偿责任有理有据，应予支持。遂判决叶某宗赔偿香某公司经济损失（含合理费用）6 万元。广州知识产权法院二审认为，商品的形状不宜纳入商品装潢的范围内。对于商品形状能否侵害商标专用权，商标法没有直接具体规定，需依据商标法等有关法律的原则并结合案件实际情况具体认定。本案没有证据证明叶某宗存在将与香某公司注册商标相似的商品形状作为商标性使用、误导消费者情形，不能认定叶某宗行为构成商标侵权。故改判驳回香某公司的全部诉讼请求。

（三）意义

本案系较为少见的因商品形状与注册商标相似所引发的商标侵权案件，也是香某公司在中国因商标维权策略不当罕见败诉的案件，引起了社会广泛关注和讨论。本案裁判在认定商标侵权时很好地平衡了权利人利益和社会公共利益，避免不当扩大商标权人权利边界，体现了审判理念的创新，彰显了人民法院防止权利滥用、维护自由公平市场竞争秩序的鲜明态度。

编写人：屈万举

26. 吴某诉希某公司、B××××公司职务发明创造发明人报酬纠纷案

（一）案情

吴某在希某公司工作期间，完成了"防止锁闭的防风门插芯锁"的职务发明创造，随后签署了专利申请权转让书，向B××××公司转让涉案职务发明创造在美国、美国领属地以及所有外国的与发明有关的一切权益。但是，B××××公司就专利申请权转让未向吴某或希某公司支付过转让对价，并将涉案职务发明创造在美国申请发明专利，发明人列明为吴某。其后B××××公司委托希某公司在中国境内制造使用涉案专利的产品，再全部出口至美国提供给B××××公司进行销售。吴某请求判令希某公司和B××××公司连带向吴某支付职务发明创造发明人报酬及维权合理开支等。

（二）裁判

广州知识产权法院认为：1. 职务发明创造是基于用人单位与发明人之间的劳动雇佣关系而产生的；用人单位在职务发明创造专利实施获利后，应当给予发明人报酬。因此职务发明创造的发明人获得报酬的基本要件应当是发明人在中国境内的用人单位完成职务发明创造，并且用人单位通过实施该职务发明创造而获利。对吴某提出的职务发明创造发明人报酬之诉讼请求，本案诉讼应当适用中国法。2. 职务发明创造发明人报酬的法律关系中承担支付发明人报酬的责任主体是用人单位，而非受让专利申请权或专利权的第三人，吴某在本案中有权向希某公司主张发明人报酬。3. 发明创造专利实施后，发明人的一次性报酬在专利权有效期内没有明确规定履行期限，本案诉讼时效并未中断。2018年6月25日，广州知识产权法院判决希某公司应向吴某支付职务发明创造的发明人报酬共30万元，驳回吴某的其他诉讼请求。一审宣判后，希某公司不服提

起上诉。广东省高级人民法院作出二审民事判决：驳回上诉，维持原判。

（三）意义

本案特殊性在于，涉案职务发明创造在中国境内完成，但在外国申请获得专利权而未在中国申请专利，发明人能否依据中国专利法主张发明人报酬？发明人在中国境内完成了职务发明创造后，用人单位将专利申请权无对价转让给香港注册的关联公司并在美国完成专利申请并获得授权，关联公司其后又委托用人单位在中国生产专利产品并出口美国由关联公司进行销售。这种方式令涉案职务发明创造在美国获得授权并公开，由于新颖性问题已不可能在中国继续申请发明专利；同时用人单位在中国境内却依然可以根据关联公司的委托实施发明创造生产专利产品从而获得实际利益，达到其将发明人作出重要贡献的涉案发明创造在中国申请专利后实施获利的相同效果。因此，若以涉案专利属于美国专利为由认定不应适用我国法律关于职务发明创造发明人报酬的规定，对于发明人显失公平，也纵容了用人单位此种实际获利同时规避支付发明人报酬的行为。法院在法律适用上准确把握了发明人报酬相关规定的立法本意，指出发明创造与发明专利权的区别，并将发明人报酬规定的适用范围涵盖到国内完成职务发明创造后到外国申请专利的情形。这种纠纷解决规则合理地界定职务成果与非职务成果的界限，充分尊重职务发明人的获得报酬权，打击利用专利权的地域特性进行规避支付报酬的行为，将极大地激发广大科技工作者的科技创造热情。本案入选广东省高级人民法院2018年广东服务创新驱动发展十大典型案例、第二批粤港澳大湾区典型案例、2018年第三届广东省十大涉外知识产权案件。

编写人：朱文彬

27. 东某公司等诉乐某公司等专利权权属、侵权纠纷案

（一）案情

东某公司和沃某公司为乐器产品生产合作伙伴。林某强曾入职东某公司，担任品技经理职务，本职工作包括小号类产品研发，接触大量产品设计图纸。林某强从东某公司离职后，入职乐某公司，在一年内发明了"一种复合材料小号"的实用新型专利，并以乐某公司作为申请人获得专利授权。在东某公司、沃某公司与乐某公司对涉案专利权归属问题进行磋商期间，乐某公司向国家知识产权局提出放弃涉案专利权的声明，并经审查通过。东某公司、沃某公司主张，涉案专利属于职务发明，其专利权应归东某公司、沃某公司所有；乐某公司与林某强恶意放弃涉案专利权，侵害了东某公司、沃某公司的合法权益。遂诉至法院，请求判令涉案专利权归属东某公司、沃某公司所有，确定林某强、乐某公司系恶意放弃专利并赔偿东某公司、沃某公司维权合理费用。

（二）裁判

广州知识产权法院一审认为，涉案专利与林某强在东某公司任职期间的本职工作或分配任务有密切关联，林某强在离职后一年内申请的专利属于职务发明创造，应归属于东某公司。林某强、乐某公司在与东某公司磋商权属问题期间放弃专利，直接导致权属纠纷判决无法执行，林某强、乐某公司对其放弃专利行为亦无法作出合理解释，应认定为恶意放弃专利，需赔偿东某公司维权合理费用。因此，一审法院判决涉案实用新型专利权归东某公司所有，乐某公司、林某强共同赔偿东某公司合理维权费用11720元。最高人民法院二审认为，涉案专利属于职务发明创造，相关权益归属于东某公司。乐某公司、林某强恶意放弃涉案专利权的行为，将导致专利权归于消灭，一审法院判令其承担合理

维权费用，并无不当。2022 年 11 月 21 日，最高人民法院判决驳回上诉，维持原判。

（三）意义

本案涉及员工离职后申请专利又恶意放弃的特殊情形。根据《专利审查指南》规定，恶意放弃专利权声明可根据法院生效判决予以撤销，故本案在认定涉案专利权归属的同时，亦需对被告放弃专利权行为的性质进行判定。本案判决依法认定员工离职后一年内申请的专利为职务发明创造，并综合专利权人行使专利权的时间、方式和后果等因素认定专利权人放弃专利权存在恶意，有力保护了企业的技术发明成果。同时，本案在权属纠纷中合并处理侵权纠纷，有效减少了当事人讼累，避免了司法资源浪费。

编写人：石静涵

28. 申请人诚某公司与被申请人皮某申请承认外国仲裁裁决案

（一）案情

申请人诚某公司与被申请人皮某申请承认外国仲裁裁决一案，申请人申请确认由法国国际仲裁院作出的两份仲裁裁决，广州知识产权法院立案受理。申请人诚某公司于 2021 年 6 月 29 日向广州知识产权法院提出撤回申请。

（二）裁判

广州知识产权法院于 2021 年 7 月 5 日作出（2019）粤 73 协外认 1 号民事裁定，准许申请人诚某公司撤回申请。

（三）意义

本案是广州知识产权法院建院以来受理的首例申请承认外国仲裁裁决效力的案件。审理申请承认外国仲裁裁决的案件，主要依据《承认及执行外国仲裁裁决公约》对仲裁裁决进行审查，审查内容包括依据第 5 条第 2 款"承认或执行裁决有违该国公共政策者"的规定，认定仲裁裁决是否存在违反中国公共政策、公共秩序的情形。

编写人：朱文彬

29. 百某公司诉东某公司侵害
商标权纠纷案

（一）案情

弗某公司是第 G8××××2 号和第 G12××××2 号商标的商标权人，其将上述商标许可原告百某公司使用。百某集团是在全球设有多家关联企业的跨国公司集合体，弗某公司、百某公司均为该集团的关联公司。2019 年 1 月，被告东某公司从新加坡出口商处平行进口的一批啤酒商品因涉嫌侵害弗某公司商标权被海珠海关扣留，被诉侵权商品生产商显示为弗某公司。经将百某公司在淘宝和京东电商平台销售的授权商品与被诉侵权商品进行比对，两者不存在实质性差异。百某公司基于弗某公司的授权提起本案诉讼，请求判令东某公司停止商标侵权行为并赔偿经济损失及合理开支 553000 元。

（二）裁判

广东省广州市越秀区人民法院一审认为，东某公司的行为侵犯了百某公司的商标权，遂判决东某公司停止侵权，销毁库存侵权商品，赔偿经济损失及合理开支共计 205180 元。广州知识产权法院二审认为，本案证据可相互印证被诉侵权商品属于平行进口的正品。由于被诉侵权商品上所贴附的标志与本案商标权人的注册商标完全相同，对于在中国市场的相关公众来说，被诉侵权商标不会割裂商标权人与贴附相同商标标志的平行进口商品之间的唯一指向关系，不会导致消费者混淆误认的可能性，被诉侵权行为难以认定为侵害商标权的行为。2021 年 4 月 16 日，广州知识产权法院改判撤销一审判决，驳回百某公司的全部诉讼请求。

（三）意义

本案为涉及平行进口的典型案例。广州知识产权法院围绕平行进口中的被诉侵权商品是否属于正品、被诉侵权标识是否容易导致消费者混淆以及被诉侵权标识是否属于正当使用问题进行审理，认定被诉侵权商品属于平行进口的正品，不构成侵害商标权，有效平衡了商标权保护与经济社会发展之间的良性互动关系，有利于增加商标权人、国内商标被许可人、平行进口行为人的价格与服务品质竞争，形成市场竞争的良性循环，激励市场并最终实现促进国内经济、国外经济繁荣的目的。广州知识产权法院通过本案的审理，就典型情形总结出司法裁判规则，实现裁判规则的统一，体现裁判尺度的案例价值，确保司法裁判公正高效权威。

编写人：蒋华胜　潘星予

促进文化繁荣案例

30. 龙井茶产业协会诉种某公司侵害商标权纠纷案

（一）案情

杭州市西湖区龙井茶产业协会（以下简称龙井茶产业协会）是第9×××××5号"西湖龙井"地理标志证明商标的权利人。种某公司销售的茶叶标有"西湖龍井"字样标识。龙井茶产业协会认为该标识与涉案证明商标相同，种某公司存在销售侵犯"西湖龙井"商标权的行为，遂向法院提起诉讼，请求判令种某公司立即停止商标侵权行为，并赔偿经济损失及合理维权费用共计10万元。

（二）裁判

广东省广州市越秀区人民法院一审认为，种某公司未能举证证实被诉侵权商品来源于涉案证明商标使用管理规则中指定的地域范围，其销售涉案商品侵害了龙井茶产业协会的商标专用权，且种某公司亦未举证证实相关商品具有合法来源，应承担停止侵权及赔偿损失的法律责任。故判决种某公司立即停止侵权，并赔偿龙井茶产业协会经济损失（含合理维权费用）4万元。广州知识产权法院二审认为，即便种某公司茶叶来源地真实，其仍需向龙井茶产业协会提出申请并履行涉案证明商标使用管理规则中的规定手续。种某公司未经龙井茶产业协会许可，自行使用"西湖龍井"标识进行散茶包装，在法律上其性质属于制造侵权商品的行为，其制造并销售被诉侵权商品侵犯了龙井茶产业协会的注册商标专用权。故判决驳回上诉，维持原判。

（三）意义

本案为涉及擅自使用地理标志证明商标行为的商标侵权典型案例。本案裁判厘清了被诉侵权商品产地来源对侵害地理标志证明商标专用权认定的影响以及销售者使用被诉侵权标识行为定性问题，对类似案件审理具有参考意义，对规范地理标志使用、维护消费者权益具有重要推动作用。本案结案后法院主动向有关行政保护部门发出司法建议，推动茶叶地理标志群体侵权、重复侵权问题实现源头治理，有效净化茶叶市场环境。本案获评全国法院系统 2016 年度优秀案例分析一等奖，并入选《人民法院案例选》（2017 年第一辑）。

编写人：林广海　中国法学会知识产权法学研究会副会长
　　　　　　　　最高人民法院民事审判庭原庭长
　　　　　　　　广州知识产权法院原副院长
　　　　　屈万举

31. 林某怡诉杨某、精某公司等著作权侵权及不正当竞争纠纷案

（一）案情

查某镛 2015 年发现在中国大陆地区出版发行的小说《此间的少年》的人物名称均来源于其小说《射雕英雄传》《天龙八部》《笑傲江湖》《神雕侠侣》，且人物间的关系、性格特征及故事情节与其作品实质性相似。该小说由杨某发表，由联某公司、精某公司出版。查某镛主张，杨某未经许可，照搬人物及与其作品相似的情节进行改编且不标明来源，篡改人物形象，侵害其改编权、署名权、保护作品完整权及应由著作权人享有的其他权利（人物角色商品化权）。同时，权利作品中的人物名称及人物关系等独创性元素为广大读者熟知，杨某通过盗用该独创性元素在 2022 年版本中添加副标题"射雕英雄的大学生涯"吸引读者谋取竞争优势后获利，构成不正当竞争。联某公司、精某公司应就其出版行为承担连带责任。查某镛遂诉至法院，请求判令各被告停止侵权、赔礼道歉，并赔偿经济损失 500 万元等。

（二）裁判

广州市天河区人民法院一审认定，杨某、联某公司、精某公司不侵害涉案作品著作权，但构成不正当竞争行为，判决停止不正当竞争行为、停止出版涉案小说及销毁库存书籍，公开赔礼道歉，赔偿经济损失 168 万元等。二审期间，查某镛死亡，其继承人林某怡参加诉讼。广州知识产权法院二审认为，侵权作品与权利作品的故事内在逻辑与因果关系皆不同，两者的表达不构成实质性相似，故没有侵害权利作品对应故事情节的著作权。而权利作品的单个人物形象虽难以都被认定为获得充分独特的描述，但整体而言，涉案 60 多个人物组成的人物群像，无论是在角色的名称、性格特征、人物关系、人物背景上都体现

了权利人的选择、安排，可认定已充分描述、足够具体到形成一个内部各元素存在强烈逻辑联系的结构，属于著作权法保护的"表达"。故侵权作品抄袭权利作品中人物名称、性格特征、人物关系的行为属于著作权法所禁止的剽窃行为，杨某侵害了权利作品的著作权。联某公司、精某公司应负有较高注意义务，其行为构成帮助侵权。侵权作品在首次出版时所定的副标题蓄意与权利作品进行关联，引人误以为两者存在特定联系，该行为构成不正当竞争。鉴于侵权作品与权利作品情节不相同，分属不同作品类别，读者群有所区分，为有利于文化事业的繁荣发展、在采取充分切实的全面赔偿或者支付经济补偿等替代性措施的前提下，各被告无需就其侵害权利作品著作权的行为承担停止侵害的法律责任。2023 年 4 月 23 日，广州知识产权法院在维持一审判决关于赔偿数额的判项的基础上，改判杨某停止不正当竞争行为并刊登声明消除影响。

（三）意义

本案是同人作品侵权纠纷，涉案作品及作者知名度高，所涉问题在同人作品版权保护的法律理论与实务层面都具有典型性，且行业内关注度高，审理过程中被多家媒体进行宣传报道，称之为"同人作品第一案"。本案判决对规范同人作品合理有序创作发展提供司法指引，也为版权热点问题的理论研究提供了鲜活的素材。本案获得"全国法院系统 2023 年度优秀案例分析民事类优秀奖"、2023 年度全省法院系列"十大"案例。

编写人：江闽松

32. 音像著作权集体管理协会诉飞某服务部、飞某酒店、陈某发侵害作品放映权纠纷案

（一）案情

原告中国音像著作权集体管理协会（以下简称音像著作权集体管理协会）以被告飞某酒店、飞某服务部及陈某发侵害其享有的著作权为由，于2014年7月14日向法院提起诉讼，请求判令飞某酒店、飞某服务部、陈某发停止侵权、赔偿损失等。

（二）裁判

广东省广州市南沙区人民法院一审认定飞某酒店构成著作权侵权，遂于2014年11月28日作出判决，判令：1.飞某酒店停止侵权行为并赔偿音像著作权集体管理协会经济损失及合理费用共计20000元；2.飞某服务部对飞某酒店的赔偿责任承担连带清偿责任；3.飞某服务部的财产不足以清偿上述债务的，由陈某发以其个人的其他财产予以清偿等。一审判决后，飞某服务部对判决内容不服，于上诉期限内提起上诉。二审期间，飞某服务部向广州知识产权法院提交了《企业核准注销登记通知书》和《税务事项通知书》，证明飞某服务部已于2014年10月28日被登记机关核准注销。广州知识产权法院二审认为，本案侵权行为发生在个人独资企业飞某服务部存续期间，参照《个人独资企业法》第28条"个人独资企业解散后，原投资人对个人独资企业存续期间的债务仍应承担偿还责任，但债权人在五年内未向债务人提出偿债请求的，该责任消灭"的规定，在飞某服务部注销后，原由飞某服务部承担的权利和义务应当由其投资人陈某发继受，包括本案被诉侵权责任和作为上诉人享有的权利等。后经法律释明并组织调解，陈某发以原飞某服务部投资人的身份向法院提出撤回上诉的申请。2015年3月19日，广州知识产权法院裁定准许上诉人陈某发撤回上诉。

（三）意义

本案是广州知识产权法院建院 "第一案"。因飞某服务部在一审审结前已经注销，其诉讼主体资格丧失，但一审法院未查明该事实，最终判决其对飞某酒店的赔偿责任承担连带清偿责任并允许其作为上诉人提起上诉，属于严重违反法定程序。二审期间，为切实减轻双方当事人诉累、节约司法资源，经法院充分释明并积极组织调解工作，原飞某服务部的投资人陈某发及时履行一审判决并申请撤回了上诉，迅速定分止争，取得了较好的法律效果和社会效果。

编写人：杨宗仁　内蒙古自治区高级人民法院院长
　　　　　　　　广州知识产权法院原院长
　　　　谢保明

33. 天某公司诉电某公司著作权
许可使用合同纠纷案

（一）案情

　　天某公司与电某公司签订《电影〈阴阳师·晴雅集〉形象使用授权合同》，约定电某公司授权天某公司在授权产品上使用电影《阴阳师·晴雅集》中角色形象及其附属衍生形象，许可使用费由保底授权费 26 万元及分成授权费相结合，当授权商品销售总量超过 3 万份时，超出部分天某公司按授权商品销售额的 10% 向电某公司支付分成授权费。涉案电影于 2020 年 12 月 25 日在中国内地上映，2021 年 1 月 5 日之后全国院线未继续排片放映。2021 年 3 月 5 日，天某公司向电某公司发函称，由于该影片导演郭某涉及抄袭的负面问题，导致涉案电影下映，并且网络媒体充斥对该影片及相关制作团队的负面评价，天某公司无法继续使用授权标的实现商业目的，严重影响授权商品的销售和推广，要求解除涉案合同，电某公司向天某公司全额退还保底许可使用费 26 万元并支付违约金 50 万元，赔偿产品生产成本 857702 元，传播推广费用 117599 元。后双方协商未果，天某公司提起本案诉讼。

（二）裁判

　　广东省广州市天河区人民法院确认涉案电影因导演抄袭并被呼吁抵制的负面事实而停止公映的事实，认定涉案电影因导演抄袭并被呼吁抵制而提前停止放映，天某公司要求解除涉案合同符合涉案合同的约定，据此判决解除涉案合同，电某公司向天某公司返还款项 80000 元并支付违约金 20000 元。电某公司不服一审判决，提起上诉。广州知识产权法院二审认为，本案中应当认定涉案电影因电影导演的抄袭行为导致下线。保证涉案电影正面宣传效果和正常曝光量，属于授权方应有的合同义务。基于合同条款的上述解释，合同约定的电影主要演职人员在电影上映前后发表言论或行为不检点被公开批评，影响产品销量的解除条款，应当包含因电影导演的抄袭行为导致电影下线的情形，天某公司可根据上述合同约定解除事由解除涉案形象使用授权合同。电某公司在涉案电影因导演的负面行为被联合抵制不再排片放映后，并未通知天某公司协商沟通合同履行相关情况，构成违约。因此，一审法院认定电某公司存在违约行为，并据此判令电某公司赔偿 20000 元违约金并无不当，应予维持。2023 年 9 月 15 日，广州知识产权法院判决驳回上诉，维持原判。

（三）意义

本案纠纷的产生，正是由于国内 111 位影视从业者联名发文抵制抄袭剽窃者的事件所致，该事件影响较大。本案依法适用合同条款解释原则，对授权方的合同义务作出符合当事人真实意思表示的解释，将导演的抄袭行为导致电影下线的情形归入被授权方可依约解除合同的情形，同时认定授权方违反了诚信履行原则，应当承担违约责任。本案处理符合法律规定，同时也符合社会主义核心价值观的倡导，有利于规范影视、娱乐相关行业的健康发展，引导从业人员诚信、守法。

编写人：蔡健和　王冠燕

34.网某公司诉华某公司等著作权侵权及不正当竞争纠纷案

（一）案情

《我的世界》是由瑞典开发商 Mo 某开发、运营的沙盒游戏，在全球拥有大量玩家，是一款在国内外均具有较高知名度的沙盒类游戏。网某公司经授权在中国大陆地区独家代理运营该游戏。《奶块》亦是一款沙盒游戏，原由华某公司研发运营。2017 年，华某公司将《奶块》游戏著作权转让给虎某公司并由虎某公司负责运营。太某公司是游戏下载服务提供者。网某公司主张，被诉游戏《奶块》大量抄袭《我的世界》所属美术资源，将《我的世界》中包括生物、建筑方块、道具等在内的各基础设计与交互设计的外观、功能、组合规则等游戏内容，整体移植到《奶块》游戏中，导致两游戏无论是游戏机制、方块设计、元素设计、交互设计等均高度相似，游戏呈现的整体画面亦高度相似，构成著作权侵权。此外，《奶块》游戏的宣传推广及游戏内容整体抄袭《我的世界》的核心玩法，致使玩家误认为两游戏存在特定联系，构成不正当竞争。遂诉至法院，请求判令三被告停止著作权侵权及不正当竞争行为，并连带赔偿经济损失和合理维权费用共 2000 万元。

（二）裁判

广州市天河区人民法院一审认为，两款游戏整体画面构成实质性相似，被诉游戏使用与权利游戏名称相近的名称分别作为游戏中文名和英文名，并在游戏宣传中使用"MC 的世界""MC 类手游"等词语，构成混淆，故判决华某公司等停止侵权及不正当竞争行为，并赔偿经济损失等 2000 万元。广州知识产权法院二审认为，两款游戏的整体画面不构成实质性相似。虽然两款游戏存在相同的游戏元素、合成规则及数值设计等，但游戏元素组合所形成的多个要素系统并不完全相同，且两款游戏在玩家角色设定、游戏特色系统、游戏任务设置等均不同，玩家以此为基础的游戏体验也不相同，故难以认定《奶块》整体抄袭了《我的世界》游戏玩法规则，华某公司、虎某公司既不构成著作权侵权，也不构成不正当竞争。2023年6月25日，广州知识产权法院改判驳回网某公司的全部诉讼请求。

（三）意义

在数字娱乐领域，尤其是网络游戏行业，知识产权的保护日益成为企业关注的焦点。2023年上半年，我国游戏市场实际销售收入1442.63亿元，环比呈增长趋势，游戏用户规模近6.68亿人。在文娱内容领域，游戏销售收入高于电影、音乐等产业。网络游戏实质性相似的认定标准一直是游戏著作权领域的核心问题。本案裁判对游戏玩法规则达到何种程度可以构成著作权客体、游戏综合元素及玩家体验对侵权判断有何具体影响均作了更细化的评判，对游戏案件核心问题的裁判标准作出了有益探索，对游戏产业的知识产权司法保护、行业竞争秩序维护具有指导意义。本案入选广州知识产权法院2023年度十大典型案例、中国法学会案例法学研究会2024年"中小企业知识产权司法保护典型案例"。

编写人：彭　盎

35. 馨某公司诉闲某公司侵害商标权纠纷案

（一）案情

原告馨某公司系第 9×××××5 号、第 7××××0 号"桥道"注册商标的被许可使用人，旗下有"橋頭排骨"餐饮项目。被告闲某公司为销售"桥头排骨"小吃的经营者。闲某公司经营的实体店铺招牌、美团平台店铺名称、商品名称、商品包装袋上使用了"桥头排骨"字样。馨某公司认为上述使用方式侵害了其"桥道"注册商标专用权，诉至法院要求闲某公司停止侵权，赔偿经济损失及合理维权费用共 5 万元。

（二）裁判

广东省广州市荔湾区人民法院一审认定在案证据不足以证明被诉使用行为会导致相关公众产生来源或关联关系的混淆或误认，闲某公司被诉行为未侵害馨某公司涉案商标权，判决驳回馨某公司全部诉讼请求。广州知识产权法院二审认为，我国《商标法》第 59 条明确规定，注册商标中含有的地名，注册商标专用权人无权禁止他人正当使用。该条款对地名正当使用的保护，不以地域的行政区划级别高低或范围大小而有所区别，也不因注册商标的知名度高低而有所差异。"桥头"为常见地名，"桥头排骨"小吃名称起源于此地名，"桥道"商标权利人无权禁止他人正当使用"桥头排骨"这一小吃名称。闲某公司对"桥头排骨"文字的使用方式，与馨某公司旗下加盟店使用"桥道"商标的方式区别明显，客观上未造成相关公众混淆的后果，应认定闲某公司对"桥头排骨"的使用系对小吃名称的正当使用，未侵害馨某公司的"桥道"商标权。2024 年10 月，广州知识产权法院二审判决驳回上诉，维持原判。

（三）意义

本案争议焦点集中于地方特色小吃名称的使用与含有地名的注册商标之间的权利冲突，是诠释公共资源与私权界限如何划分的典型案例之一。二审判决明确了《商标法》第59条对含有地名的注册商标的禁止权限制条款的适用规则，即不受命名地域行政区划级别高低或范围大小而有所区别，也不因含有地名的注册商标知名度高低而有所差异。由历史形成的起源于地名的特色小吃名称，属于对地名公共资源的使用，正当使用该小吃名称是公众权利，不应当被商标权人不正当地垄断。本案体现了法院在加大知识产权保护力度的同时，保持了"谦抑审慎善意"的司法理念，谨慎地不侵犯公共领域的公众权利，取得了良好的社会效果和法律效果。

编写人：洪适权　冯海青

36.腾某公司诉敬某公司等著作权侵权及不正当竞争纠纷案

（一）案情

知名网络游戏《王者荣耀》系原告腾某公司基于合法授权对《英雄联盟》游戏进行的改编，腾某公司享有在全球范围内的代理运营权、代理运营权转授权权利、游戏整体及其游戏元素所含著作权在全球范围内的著作权许可使用权，并有权对第三方侵害该游戏的行为以自己名义进行维权。

被诉侵权游戏《英雄血战》又名《Heroes Arena》，是一款以5V5模式为主的MOBA类手机游戏，中国版权保护中心网站计算机软件著作权登记公告栏显示该游戏著作权人为被告敬某公司，该登记后经敬某公司申请撤销。被告爱某公司在其主办的网站上提供被控游戏的下载等服务，被告魔某公司通过其注册的微信公众号等方式对该游戏进行运营和宣传。

腾某公司主张敬某公司、魔某公司、爱某公司的行为侵犯了其对《王者荣耀》游戏地图缩略图和场景地图享有的著作权，并且构成不正当竞争。

（二）裁判

广东省广州市天河区人民法院一审认定魔某公司、敬某公司、爱某公司构成著作权侵权，并判决魔某公司、敬某公司连带赔偿腾某公司经济损失及合理开支共计200万元，爱某公司就其中50万元承担连带责任，并驳回腾某公司的其他诉讼请求。广州知识产权法院二审维持了一审法院对于游戏地图缩略图系示意图作品的认定，进而认定《王者荣耀》和《英雄血战》游戏的游戏缩略图构成实质性相似。同时认定魔某公司作为《英雄血战》游戏的运营方，爱某公司通过信息网络方式向公众提供被诉侵权作品，其行为均侵害了涉案作品的著作权。敬某公司虽系被诉侵权游戏的源代码开发者，但本案证据不足以证实其确系著作权人，一审对此认定不当。据此判决魔某公司停止侵权，赔偿腾某公司经济损失及合理开支 200 万元，爱某公司就其中 50 万元承担连带责任。

（三）意义

本案中，广州知识产权法院作出首次认定游戏地图缩略图构成示意图作品，对其侵权判定仍应以"接触＋实质性相似"作为判定标准的生效判决，对该类案件的处理具有指导意义。游戏地图缩略图实际是指对游戏整体空间布局结构以俯视视角简略描述的平面图形，其反映的是游戏地图的整体结构和布局，从而实现指示位置关系的实用性功能。故此，此处所称地图并不等同于日常生活经验或地理学概念上的地图，不能直接归类为著作权法规定的地图作品；而其为了实现前述实用性功能，符合图形作品中的示意图的构成要件，故构成示意图作品。同时，本案在进行侵权比对时注意到，游戏地图缩略图并非用于工程施工或者产品制造，无须精确到具体的数字坐标，图中不同元素之间的距离设定也不应纳入侵权比对的范围，而只需重点关注两者之间在整体构图轮廓及内部构成要素结构、布局方面的异同即可。另外，本案充分考虑《王者荣耀》游戏的知名度、市场影响力、运营收益，被诉侵权行为的规模、情节，涉案游戏缩略图等在游戏中的作用等因素，酌情确定赔偿数额，彰显了对知名游戏著作权的保护力度。

编写人：张　姝

37. 网某公司诉华某公司著作权侵权及不正当竞争纠纷案

（一）案情

网某公司是《梦幻西游》的著作权人及《梦幻西游2》的独占许可人。华某公司在其经营的某直播网站和某语音客户端上，以利益分成的方式召集、签约大量的游戏主播进行上述游戏内容直播，并为游戏主播提供非法注入游戏客户端的代码程序或者动态屏幕截取的工具。网某公司主张华某公司的上述行为侵害其著作权，遂诉至法院，请求判令停止侵权并赔偿损失1亿元等。

（二）裁判

广州知识产权法院一审认定华某公司在其网络平台上开设直播窗口、组织主播人员对涉案游戏画面进行直播，属于著作权法规定的"其他侵犯著作权的行为"，侵害了网某公司对其游戏画面作为类似摄制电影的方法创作的作品享有的"其他权利"，判决华某公司停止侵权、赔偿网某公司2000万元。广东省高级人民法院二审认为，涉案网络游戏连续动态画面整体构成"以类似摄制电影的方法创作的作品"，应受著作权法保护。被诉游戏直播行为不能认定为合理使用行为；华某公司未经许可组织主播人员直播涉案游戏，并从直播业务中抽成获利，并非单纯提供网络技术服务，构成直接侵权。2019年12月10日，广东省高级人民法院判决驳回上诉，维持原判。

（三）意义

本案纠纷源于游戏厂商与视频直播平台在直播领域的合作与竞争，是互联网时代流量效应和粉丝经济催生的直播新业态在利益分配问题上的矛盾缩影，被业界称为"网络游戏直播侵权第一案"。本案的审理从立法宗旨、技术发展、游戏特点、产业需求等角度对游戏连续动态画面作为类电作品予以著作权保护进行了分析，明晰了角色扮演类网络游戏连续动态画面可依著作权法保护的审理思路，详细阐述了游戏直播是否构成合理使用的判断标准。本案坚持严格保护知识产权和比例原则，既确认游戏厂商对游戏直播权利的控制，又充分认可游戏直播平台、游戏主播在产业新兴时期培育市场的价值贡献，明确互联网环境下作品直播利益的分配规则，对互联网新业态、新领域作品使用的版权秩序进行必要的规范，平衡网络直播等新兴产业发展变革时期著作权人权益与社会公众利益，对规范互联网新业态竞争秩序、促进网络经济和文化繁荣发展具有积极意义。本案已作为人民法院案例库参考案例入库。

编写人：郑志柱　赖彩丽

38.腾某公司诉阳某公司等著作权侵权及不正当竞争纠纷案

（一）案情

腾某公司主张，阳某公司通过西某视频 App 录播《王者荣耀》游戏，侵害其著作权；优某公司提供西某视频的分发及下载服务，主观上有攀附《王者荣耀》知名度及市场竞争优势的故意，构成不正当竞争。腾某公司遂提起 16 件系列诉讼，请求判令阳某公司停止传播包含被诉游戏连续动态画面的视频、优某公司停止提供被诉游戏分发下载服务，并赔礼道歉、赔偿经济损失 480 万元等。

（二）裁判

广州互联网法院一审认定，阳某公司未经腾某公司许可，将其享有著作权的《王者荣耀》游戏画面的短视频发布于西某视频平台上传播，构成对腾某公司信息网络传播权的侵害；优某公司仅被动提供分发服务，不构成不正当竞争，故判决阳某公司立即停止在西某视频平台上传播有《王者荣耀》游戏画面的视频并赔偿经济损失 480 万元等。广州知识产权法院二审认为，判断游戏运行过程中形成的连续画面是否符合以类似摄制电影的方法创作的作品构成要件，一般考虑：1.是否具有独创性；2.是否可借助技术设备复制；3.是否由有伴音或无伴音的连续动态画面构成；4.因人机互动而呈现在游戏画面中的视听表达是否属于游戏预设范围。《王者荣耀》运行过程中形成的连续画面符合前述判断标准，可认定为类电作品。同时，即使对游戏运行过程中形成的连续画面进行二次创作形成的游戏视频构成新作品，其使用也不得侵犯原作品的著作权。阳某公司与游戏用户虽签订合作协议，但其实际行为已超出一般网络服务的范畴，属于教唆、帮助行为，构成间接侵权。2021 年 3 月 23 日，广州知识产权法院判决驳回上诉，维持原判。

（三）意义

本案是网络游戏录播短视频引发的侵权纠纷，是国内首份认定多人在线竞技网络游戏（MOBA）短视频构成类电作品的判决，对游戏短视频独创性认定、著作权归属等问题均作了厘清，同时对短视频平台是否构成直接或间接侵权作出有益的探索，从而对规范游戏录播短视频行业合理有序发展提供了司法指引。本案双方当事人均是国内头部互联网公司，案件所涉问题在版权保护的法律理论与实务层面都具有前沿性，引起业界及主流媒体的广泛关注。国际保护知识产权协会（AIPPI）将本案列为2020年度版权十大热点案件首位。

编写人：江闽松

39. 钟某民诉碧某公司著作权侵权纠纷案

（一）案情

原告钟某民主张，其于 1999 年 8 月 18 日创作完成美术作品 BIOU 图，并于 2009 年 3 月 26 日向广东省版权保护联合会登记，自创作完成上述作品，钟某民即将该作品用于头发洗护产品行业。被告碧某公司在淘宝网销售带图案的产品，侵害其美术作品著作权，遂起诉要求碧某公司停止侵权并赔偿损失。碧某公司辩称，钟某民的美术作品只是对上述图形进行了简单的排列，不具备独创性，属于无效的著作权。碧某公司享有注册号为 1×××××× 9 的"BO"商标（图像""），有权在产品上使用该商标，不存在侵害钟某民著作权的行为。

（二）裁判

广州市白云区人民法院一审认为，钟某民主张权利的"BIOU 图"（）在图形外观、读音上均具有其独特的构思，融合了"碧海、鸥舞、邮轮、旗帜"等众多元素，具有美感和独创性，应认定为著作权法所保护的美术作品。碧某公司在其生产、销售的商品上使用了和标识，侵犯了钟某民所享有的"BIOU 图"（）美术作品的相关著作财产权，判决碧某公司停止侵权并赔偿损失 7 万元。广州知识产权法院二审认为，涉案图形系由英文字母"b"和"o"上下排列组合而成，虽然该字母经过变形处理，但这种变形处理尚未达到作为造型艺术作品的创造性高度，从图形的外在表现形式来看，亦无法体现出作者在美学领域的独特创造力和观念，缺乏美术作品所具有的审美意义。单纯观察涉案图形，该图形无法表达出钟某民所陈述的其融合了"碧海、欧舞、邮轮、旗帜"等众多元素，从而体现出相应的艺术美感。故涉案图形不构成著作权法规定的美术作品，钟某民以该图形指控碧某公司使用和标识构成对其著作权的侵犯，并要求碧某公司承担停止侵权、赔偿损失和赔礼道歉等民事责任，缺乏权利依据，最终判决撤销一审判决，驳回钟某民的全部诉讼请求。

（三）意义

当前，司法实践中出现了一种较为普遍的"商标版权化"现象，即权利人对商业标识仅主张著作权保护，而不选择商标权或特有包装装潢保护。该类纠纷涉及知识产权权利边界的划分，核心在于如何确定商业标识作为美术作品的独创性。具体而言，我国《著作权法》规定的美术作品是指绘画、书法、雕塑等以线条、色彩或者其他方式构成的有审美意义的平面或者立体的造型艺术作品。因此，美术作品的独创性要求作品由作者独立完成，并体现出一定的审美意义。何谓"有一定的审美意义"，相关的法律没有给出明确的标准。笔者认为，在认定商业标识作为美术作品的独创性标准时，仅具有识别性是不够的，至少应遵循以下规则：1. 根据"思想表达二分法"规则，著作权只保护独创性的表达，而不延及思想。在认定商业标识作为美术作品的独创性时，应先分离出思想与表达。2. 根据"思想观念与表达的合并"原则，当思想观念与表达密不可分的时候，或者说当某种思想观念只有一种或有限的几种表达时，著作权法既不保护思想观念，也不保护表达。商业标识的功能主要是识别产品来源，通常会受到该原则的限制。3. 美术作品是以其自然的外观而给人们美学上的感受，这要求作品必须有足够的长度以表达出艺术美感或者传递出一定量的信息。通常来讲，仅有个别字词或字词的简单组合，很难完整地展示出艺术美感或传递出足够的信息。而商业标识为了强调其识别功能，通常要求符号简单明了，商业标识的显著性和知名度更多也是通过使用人的持续使用和宣传而获得并提高。因此，一般的商业标识不构成美术作品，在认定商业标识能否作为美术作品予以保护时，需要慎重考虑其外观表现形式是否足以表达出艺术美感。

编写人：黎炽森　广州知识产权法院原副院长
　　　　蔡健和

40. 张某山诉华某公司著作权侵权纠纷案

（一）案情

张某山是中国专门从事研究开发和销售数字化中文字体的字体设计师，并于 2011 年 12 月 1 日创作完成了美术作品"张某山锐谐体"，同期首次发表。2018 年 3 月 12 日，张某山发现华某公司在其位于广州市天河区某大厦首层外场中摆放的广告牌上使用了"张某山锐谐体"字体，涉及的文字为"第十二届国际（广州）"。张某山主张，华某公司未经授权，基于商业目的擅自使用张某山享有著作权的字体，构成侵权。遂诉至法院，请求判令华某公司支付侵权赔偿金 1 万元等。

（二）裁判

广州市天河区人民法院一审认定，张某山已就涉案美术作品提交作品登记证书，在无相反证明的情况下，应认定其为涉案美术作品著作权人，有权提起诉讼。华某公司作为涉案广告的发布方，未经张某山授权，在广告中使用与"张某山锐谐体"字库中的"第""十""二""届""国""际""广""州"构成实质性相似的文字字体，构成著作权侵权。故判决华某公司赔偿张某山经济损失及合理支出 4000 元。广州知识产权法院二审认为，张某山锐谐体汉字字体表现的形态与公知领域的美术字的基本笔画相比，并不具有鲜明特色，不符合较高独特审美的独创性要求，尤其是"十""二""广"三个笔画少的、结构简单的汉字。故涉案八个张某山锐谐体汉字不属于受著作权法保护的美术作品，张某山主张华某公司侵犯其美术作品复制权，缺乏依据。2019 年 10 月 28 日，广州知识产权法院改判驳回张某山的全部诉讼请求。

（三）意义

作为字型轮廓构件指令及相关数据与字型轮廓动态调整数据指令代码结合的计算机中文字库，应作为计算机程序而非美术作品受到著作权法的保护。计算机中文字库运行后产生的单个汉字，只有具备著作权法意义上的独创性才能认定为美术作品。对于独创性的判定，应当进行个案分析，即对运行字库软件输出的单字是否具有独创性，应当逐一进行判断。如果字库单字的保护标准确定得较低，则有可能很难将其与已有字体进行区分，从而造成混乱状况，妨碍公众对已有字体工具的正常使用，阻碍文化传播。

编写人：彭　蛊

41. 天某公司诉邦某公司
著作权侵权纠纷案

（一）案情

天某公司系编号为 XG×××× 的花型图案作品著作权人，并就涉案作品在法国国家工业产权局进行著作权登记。天某公司认为邦某公司在其网店中展示并销售的服装产品所用图案与天某公司的涉案作品图案一致，邦某公司未经许可生产、销售涉案侵权产品，侵犯了天某公司对涉案作品的复制权、发行权、信息网络传播权，故天某公司诉至法院，请求判令邦某公司停止生产、销售侵权产品，并赔偿经济损失及合理费用 50 万元等。邦某公司确认涉案服装系其制造，但主张被诉侵权布料具有合法来源，其未实施复制行为，不应承担侵权责任。二审中，邦某公司还主张一审判决超出了天某公司的诉讼请求。

（二）裁判

广州互联网法院一审认定邦某公司侵害了天某公司的复制权、发行权、信息网络传播权，判决邦某公司停止侵权行为，并赔偿天某公司 7 万元。广州知识产权法院二审认为，生产服装面料，在面料上再现涉案作品，能够产生作品复制件，属于复制行为；但使用服装面料加工、生产服装的行为，系对同一复制件的再次利用，即属于对侵权复制品的使用行为，其客观上不会产生新的作品复制件，故不属于著作权法意义上的复制行为，除非在再次利用过程中实施了新的复制行为。在邦某公司实际生产了被诉侵权服装，又无法证明服装面料具有合法来源的情况下，可认定被诉侵权面料来源于邦某公司，故邦某公司侵害了天某公司对涉案作品享有的复制权。此外，一审判决从表面上看似已超出天某公司的诉讼请求，但天某公司的诉讼请求的目的、结果与法院的裁判结果，系根据相同的事实、相同法律规定作出的不同程度的处理结果，且相关事实的争议在一审诉讼中已完全展开，天某公司在诉讼中的请求和主张能够涵概一审判决结果。故一审判决未超出天某公司的诉讼请求范围。2022 年 5 月 27 日，广州知识产权法院判决驳回上诉，维持原判。

（三）意义

本案判决坚持程序和实体相统一，处理结果兼具实体正义和程序正义，充分体现了我国法治建设实体和程序并重的司法导向。在实体处理方面，本案积极回应准确界定复制行为构成要件的实践需求，从传统服装制造行业生产流程中不同生产行为的性质出发，对面料生产行为和服装生产行为进行了合理区分和科学界定，进而明确了著作权法意义上的复制行为的认定标准，精准确定著作权法中作品的保护范围，为最大限度地保护著作权人的复制权，有效维护著作权人的经济利益，提供了可借鉴的司法例证。在程序问题上，本案判决立足于当事人诉讼请求的涵概性特征，厘清了正确判断当事人诉求和主张具体范围的基本思路，就司法实践中的超诉请裁判这一难点问题给予有益启示，全面践行防止机械适用"不告不理"原则、"尽可能一次性解决纠纷"的裁判精神，是彰显司法为民温度的一次生动实践。

编写人：王　静　广东省高级人民法院副院长
　　　　　　　　广州知识产权法院原副院长
　　　　杨春莲

42. 开某公司诉联某公司等著作权侵权及不正当竞争纠纷案

（一）案情

开某公司是"罗某坊"流心月饼商业推文《火爆小红书、INS 的流心月饼终于来墨尔本啦！！ 200 盒限量预售》的著作权人，联某公司制作并发布了《通宵排队 10 小时！火到欧洲的流心月饼，炒到 5 万一盒！》等 54 篇陶某居流心月饼商业推文。开某公司主张，联某公司作为开某公司前述权利推文的原宣传合作公司，在合作过程中直接获得权利推文制作的相关细节，其通过"洗稿"方式制作的陶某居流心月饼商业推文与权利推文在措辞表达、构成要素、文章架构、语言风格等方面高度一致，二者构成实质性近似，故联某公司等三被告构成著作权侵权及不正当竞争。开某公司遂诉至法院，请求判令联某公司等三被告停止侵权，并赔偿损失 150 万元等。

（二）裁判

广州互联网法院一审认定，权利推文与被诉侵权推文均是对月饼本身及销售情况的宣传，属于在思想内容而非表达上的相似，判决驳回开某公司的诉讼请求。广州知识产权法院二审认为，对于涉嫌"洗稿"的商业推文，应以普通观察者的理解和认知水平，融合"抽象分离法"和"整体观感法"对双方的推文结构、具体情节、表述用语二方面进行对比。被诉侵权推文包含与涉案权利推文相同的结构，在各部分采用类似情节和用语，且存在大量相同用语表达或使用同义词、调整语序等类似表达的情形，造成被诉侵权推文与涉案权利推文给人整体上相同或相似的内在感受，应认定二者在表达上构成实质性近似。2022 年 1 月 31 日，广州知识产权法院改判联某公司等三被告停止侵权并连带赔偿开某公司经济损失 30 万元等。

（三）意义

本案系数字营销时代关于"洗稿"行为构成著作权侵权的典型案件。因"洗稿"作品与原作品神似但具体用语不一致，使得以思想表达二分法为原则的著作权法在司法适用时出现侵权判定困难或判定标准不一的情况。本案探索提出"洗稿"行为侵权判定的一般裁判思路，即以普通观察者为判断主体，以文字作品判定实质性近似的"抽象分离法"和"整体观感法"的融合为判断方法，以双方推文结构、具体情节、表述用语等为判断对象，有效避免了作品保护范围的不当缩减，是维护文化创意产业健康发展、鼓励市场主体诚信经营的鲜活司法实践。

编写人：龚麒天　广东省高级人民法院民事审判第三庭副庭长
　　　　　　　　广州知识产权法院原法官
　　　　　齐　柳

涉互联网和数据权益案例

>>>>>>>>>

43. 罗某公司诉玩某公司等侵害 计算机软件著作权纠纷案

（一）案情

罗某公司的股东罗某在 Github 网站上传了其开发的 Virtual App 软件初始源代码并适用 GPL V3（GNU General Public License Version 3）开源许可协议，另附加声明提出任何人如用于商业用途需购买，后又删除了 GPL V3 协议并停止更新而转向开发闭源商业收费版。罗某公司通过受让方式取得了涉案软件的著作权并登记。玩某公司开发了 4 款被诉侵权的微信视频美颜相机 App 并上传于各平台供用户下载，但并未提供源代码，用户可免费试用半小时，之后需付会员费才可继续使用。罗某公司提供鉴定报告主张 4 款被诉侵权软件中的沙盒分身功能与涉案软件构成实质性相似，玩某公司收取会员费和不提供源代码的行为违反限制商业使用条款和 GPL V3 协议构成侵权，请求判令玩某公司等停止提供 4 款软件的下载、安装和运营服务并赔偿经济损失 1500 万元和维权合理费用 15 万元。

（二）裁判

广州知识产权法院认为，罗某是涉案软件的最主要贡献者，罗某公司有权单独提起本案诉讼。罗某公司无权在适用 GPL V3 协议的涉案项目中添加商业使用限制保留条款。沙盒分身部分功能代码是作为被诉侵权软件的衍生部分而整体发布的，GPL 协议具有高传染性，故玩某公司未开源整个被诉侵权软件的源代码，违反协议约定。GPL V3 协议属于附解除条件的著作权合同，许可条款是版权许可的条件。玩某公司违反 GPL V3 协议的约定，其依据 GPL V3 协议获得的授权自动终止，玩某公司再使用涉案软件已没有法律和合同依据，故其构成侵权。2021 年 9 月 29 日，广州知识产权法院判决玩某公司停止提供含有侵权沙盒分身功能源代码的 4 款软件的下载、安装和运营服务并赔偿罗某公司经济损失及维权合理开支共计 50 万元。一审判决后双方均未提起上诉，本案现已生效。

（三）意义

中国与西方发达国家在基础软件行业上技术差距明显，特别是芯片设计、机械制造等领域的工业软件被严重"卡脖子"。借助开源软件制度，中国工业软件的发展有望"弯道超车"，国家"十四五"规划也提出要"完善开源知识产权和法律体系，鼓励企业开放软件源代码、硬件设计和应用服务"。目前国内没有涉及开源软件的法律、司法解释，涉开源软件的案件屈指可数，涉开源协议的裁判规则几乎空白。本判决借鉴了美国、德国等域外法院对开源协议性质的认定，对以下问题进行了开创性的裁判：1. 开源软件项目贡献者众多，作为最主要贡献者的管理者有权单独起诉；2. 已适用开源协议的软件不能撤销先前的许可；3. 开源软件的最主要贡献者不能在开源协议基础上增加限制商业使用条款；4. 软件源代码不收费，而利用开源软件开发的商业软件可以对其他人使用进行收费；5. GPL 协议作为最严苛的开源软件授权许可协议，任何使用了 GPL 协议开源代码的软件再发布时需将软件全部源代码开源而不是仅需公开使用了开源软件部分的源代码；6. GPL V3 协议是授权方和用户订立的附解除条件的格式化著作权协议，若用户违反协议条款则 GPL V3 协议终止适用，用户因此获得的授权自动终止，其再使用开源软件已没有法律和合同依据，构成侵权。本案对涉开源软件的审理提出了既符合国际惯例又行之有效的裁判规则，对规范企业开发、利用开源软件有良好指引作用，判决后得到业界极大关注和认可，对推动我国开源软件行业的发展具有积极作用。本案也获评 2021 年中国法院 10 大知识产权案件、第五届全国法院"百篇优秀裁判文书"。

编写人：谭海华　林奕濠

44. 暴某公司等申请七某公司等诉中停止著作权侵权及不正当竞争案

（一）案情

暴某公司是《魔兽世界》系列游戏的著作权人，网某公司是该游戏在中国大陆地区的独家运营商。被诉游戏《全民魔兽：决战德拉诺》由七某公司开发、分某公司独家运营，并由动某公司提供下载。暴某公司、网某公司主张被诉游戏抄袭了其游戏中的英雄和怪兽形象，使用了与其游戏相似的名称、装潢，且采取了低俗营销方式，构成著作权侵权及不正当竞争。暴某公司、网某公司遂诉至法院，并在起诉时提出禁令申请，请求禁止七某公司、分某公司、动某公司继续向公众提供、传播、运营被诉游戏。

（二）裁判

广州知识产权法院经听证后认为，诉中禁令应当审查原告胜诉可能性及原告是否受到难以弥补的损害。在原告胜诉可能性较高的情况下，被诉游戏的上线势必挤占原告新推游戏的市场份额，且网络游戏具有生命周期短、传播速度快、范围广的特点，给原告造成的损害难以计算和量化，被诉游戏采用低俗营销方式也会给原告商誉带来损害。被诉游戏重要组成部分均构成侵权，其余部分也存在较大侵权可能性，故应整体下线。为保护游戏玩家的利益，禁令期间不影响为被诉游戏玩家提供余额查询及退费等服务。2015 年 3 月 9 日，广州知识产权法院裁定禁止三被告复制、发行和传播被诉游戏，同时明确禁令期间不影响为该游戏玩家提供余额查询及退费等服务。

（三）意义

本案是广州知识产权法院颁发的第一个临时禁令，入选"2015 年全国法院知识产权十大典型案件"，并被最高人民法院《中国知识产权司法保护经典案例集》收录。作为全国法院最早一批颁发且广受关注的涉网络游戏的禁令，该案释放出加大打击游戏产业抄袭之风的强烈信号，引起巨大反响，对促进产业健康发展具有标杆意义。本案明确了禁令申请的审查要件，并在审查中重点考虑网络游戏的显著特点、侵权游戏的上线挤占权利人新推游戏的市场份额的不正当竞争本质，全面分析判断胜诉可能性、侵权行为"是否给权利人造成难以弥补的损害"、被诉游戏是否有必要整体下线等焦点问题，充分体现了"积极慎重、合理有效"的司法政策。同时，本案禁令特别明确在禁令期间应继续为游戏玩家提供余额查询及退费等服务，体现了对游戏玩家利益的考虑。相关公众及业内人士对本案禁令的颁发多持正面评价，实现了较好的法律效果和社会效果，彰显了广州知识产权法院在及时遏制知识产权侵权行为和加强知识产权司法保护方面的积极作用，生动诠释了广州知识产权法院护航科技创新、服务保障发展大局的责任与担当。

编写人：龚麒天　广东省高级人民法院民事审判第三庭副庭长
　　　　　　　　广州知识产权法院原法官
　　　　杨春莲

45. 快某公司诉唯某公司 不正当竞争纠纷案

（一）案情

快某公司是某 TV 网站的经营者，唯某公司于 2013 年开始运营某浏览器。网络用户通过某浏览器的内置功能可以实现默认拦截屏蔽某 TV 网站片头广告及暂停广告、会员免广告的功能。快某公司认为唯某公司的行为构成不正当竞争，故诉至法院。

（二）裁判

一审法院判决驳回快某公司的诉讼请求。广州知识产权法院二审认为，唯某公司技术中立的抗辩不能成立，唯某公司的上述行为违反诚实信用原则和公认的商业道德，扰乱社会经济秩序，构成不正当竞争，判令唯某公司赔偿快某公司经济损失及合理开支 80 万元。

（三）意义

本案主要涉及浏览器屏蔽视频网站广告的新型互联网不正当竞争行为的审查认定，实质是浏览器经营者与视频网站经营者关于行业利益的划分。浏览器屏蔽视频广告是社会关注度极高的互联网竞争行为，也是司法实践认定的难点。一审判决在不正当竞争诉讼特别是涉互联网案件中依据"多角度综合评价范式"进行详细论证：对于法律没有明确规定的网络环境下的竞争行为，综合运用道德评价、比例原则、竞争效果评估等方法，从竞争行为是否损害经营者的合法权益、是否违反互联网领域公认的商业道德、是否具有激励技术创新的积极效果、是否有利于消费者长远利益保护等多个角度对竞争行为的正当性进行审查认定，也即对浏览器屏蔽视频广告行为进行了多角度综合评价，细化了互联网不正当竞争行为认定的构成要素和适用场景，对《反不正当竞争法》一般条款适用等法律适用难点进行了有益探索。本案是人民法院面对新技术新业态新领域不断完善竞争法律规则的生动体现。本案被最高人民法院评选为2019年中国法院知识产权司法保护50件典型案例、2021年人民法院反垄断和反不正当竞争十件典型案例。

编写人：朱文彬

46. 上海菲某公司诉霍尔果斯侠某公司等著作权侵权纠纷案

（一）案情

原告上海菲某公司系《昆仑墟》手机游戏软件（以下简称《昆仑墟》）V1.0的著作权人及运营方。被告深圳侠某公司系《醉美人》计算机软件（以下简称《醉美人》）的著作权人。2018 年 8 月，被告霍尔果斯侠某公司、广州柏某公司对《醉美人》进行共同联合运营，并因不同渠道推广的需要将《醉美人》改名为《青云灵剑诀》等 5 款被诉侵权游戏，实质上均为同一款游戏。经比对，5款被诉侵权游戏的整体画面与上海菲某公司的《昆仑墟》前 81 级整体画面构成实质性相似。上海菲某公司主张霍尔果斯侠某公司、深圳侠某公司、广州柏某公司构成共同侵权，请求判令霍尔果斯侠某公司、深圳侠某公司、广州柏某公司停止侵害著作权行为、赔偿其经济损失并赔礼道歉、消除影响。

（二）裁判

广州互联网法院一审认为霍尔果斯侠某公司、深圳侠某公司侵害上海菲某公司作品改编权、署名权，广州柏某公司的合法来源抗辩成立，无须承担赔偿责任，遂判令霍尔果斯侠某公司、深圳侠某公司停止侵权，赔礼道歉，消除影响并连带赔偿上海菲某公司经济损失 1500000 元及合理开支 63600 元。广州知识产权法院二审认为，被诉 5 款游戏对《昆仑墟》游戏实施了"换皮"抄袭行为，构成对《昆仑墟》游戏改编权以及《昆仑墟》游戏前 81 级整体画面的署名权的侵害。广州柏某公司与霍尔果斯侠某公司、深圳侠某公司通过分工合作的方式共同实施侵权行为，且在联合运营被诉 5 款游戏过程中并非存在善意，其合法来源抗辩不能成立。考虑到霍尔果斯侠某公司、深圳侠某公司作为网络游戏市场主体，持有相关证据却不披露构成证据妨碍，其与相关平台合作期限较长、相关平台规模较大、平台数量较多，依据证据妨碍规则推定上海菲某公司主张的赔偿金额 5000000 元成立。遂判决维持一审法院关于霍尔果斯侠某公司、深圳侠某公司停止侵权，赔礼道歉，消除影响的判定，改判霍尔果斯侠某公司、深圳侠某公司连带赔偿上海菲某公司经济损失 5000000 元及合理费用 113600 元，广州柏某公司对其中的 157954.6 元及 3600 元承担连带责任。

（三）意义

本案属于侵害网络游戏作品著作权的典型案例。被诉侵权人对游戏作品独创性表达的整体画面进行抄袭剽窃。法院明确，虽然被诉侵权作品与游戏作品存在不同的美术、音乐、文字等元素，但在具体的玩法规则、数值属性等具体表达方面与游戏作品独创性不存在实质性区别，构成对游戏作品著作权的侵犯。被诉侵权行为不仅侵害作品署名权，还侵害作品改编权。法院基于被诉侵权人侵权行为的性质、情节和规模等，并结合其拒绝披露证据构成举证妨碍的具体情节，推定权利人关于被诉侵权人非法获利的主张成立，全额支持 5000000 元的赔偿请求以及合理开支。本案判决坚持知识产权赔偿的全部市场规则，切实加强对权利人的侵权救济，彰显司法严格保护的基本立场，对文化创意产业具有激励作用。

编写人：蒋华胜　杨　博

47. 李某诉奇某公司侵害作品信息网络传播权纠纷案

（一）案情

李某在 2020 年 4 月 30 日通过搜狐账号"大某同学"发表了标题为《欧洲九大文化城市之一，充满北欧优雅，到处都是特色建筑》《塞班岛最有趣的沙滩，沙子像星星，游客禁止带走却可以花钱购买》的文章，并主张文章中的两张配图构成摄影作品，其为涉案摄影作品的作者和著作权人。在奇某公司的搜索网站首页地址搜索框内输入"欧洲九大文化城市之一，充满北欧优雅，到处都是特色建筑"，检索结果出现的网页包括涉案被诉侵权图片在内的多张图片，且该图片下方标有广告字样，点击图片中部偏上的位置，页面跳转到带有"丝路教育"字样和标识的网站；在搜索框内输入"塞班岛最有趣的沙滩，沙子像星星"，检索结果出现的网页包括被诉侵权图片在内的多张图片，且该图片下方标有广告字样，点击图片中部偏上的位置，页面跳转到带有丽江旅游攻略旅游最佳路线推荐的网页。

（二）裁判

广州互联网法院一审认定奇某公司的行为侵犯了李某对涉案作品的信息网络传播权，判决奇某公司向李某赔偿每案 600 元，两案共 1200 元，驳回李某的其他诉讼请求。广州知识产权法院二审认为，奇某公司向网络用户提供图片搜索服务，应认定其为网络服务提供者。考虑到主流的网络图片搜索服务均未提供点击缩略图直接跳转至原始网页的功能，而是需要用户另行点击相应的链接或者标识跳转至图片原始网页，故奇某公司在缩略图上设置"锁链"标识的行为并未超出用户通常的操作习惯，亦不会不合理地增加用户通过图片搜索服务查找涉案摄影作品的难度。奇某公司作为网络搜索服务提供者，其上述广告行为并未改变自然搜索的结果，也不会导致网络用户无法通过搜索结果查找原始网页，实质上既不影响李某涉案摄影作品的正常使用，亦未不合理损害李某对该作品的合法权益，客观上还能够增加该作品的曝光量，从维护社会公众利益的角度出发，在不打破权利人、网络服务提供者和社会公众之间利益平衡的情况下，可以认定奇某公司对涉案摄影作品缩略图的使用并未超出合理使用的范畴，故奇某公司关于其作为网络搜索服务提供者未侵害李某涉案摄影作品信息网络传播权的主张能够成立。2022年12月16日，广州知识产权法院改判驳回李某的全部诉讼请求。

（三）意义

虽然我国著作权法及相关司法解释对网络服务提供者提供作品缩略图的行为是否构成信息网络传播权侵权作出了原则性规定，并明确了相应的判断标准，但由于实践中网络服务提供者提供作品缩略图的形式"五花八门"，给侵权判断带来了极大困难，进而导致各地法院裁判标准不一。本案判决从网络搜索服务提供者提供作品缩略图行为的特征、目的及其影响等角度出发，结合网络服务提供者侵权行为的判定及其免责条件、著作权合理使用等，进一步厘清网络服务提供者提供作品缩略图行为是否构成著作权侵权的认定标准和行为边界。

编写人：裴晶文

48. 微某公司诉泽某公司
不正当竞争纠纷案

（一）案情

微某公司是抖音网的主办单位。2020年6月5日～10月15日，微某公司多次进行保全证据公证，相关公证书记载，通过泽某公司开发、销售、运营的"抖管家"系统可以实现批量登录和操控抖音短视频软件，自动模拟刷视频养号防封号功能、截流采集抖音"大V"的视频及粉丝信息，一键自动随机点赞、评论、转发及批量自动关注、私信，自动建群自动发布群聊内容、自动操控直播间等功能。"抖管家"公众号"抖管家云控"介绍"播商管家"是一套专门针对抖音号进行批量操作的智能营销系统，模拟人工操作及规模化操作。泽某公司确认"抖管家"系统中具有微某公司主张功能的名称，但系统中具体功能与其主张的不同。

（二）裁判

广州知识产权法院认为，"抖管家"系统的养号功能实际上是利用其系统自带的技术手段制造虚假、无效的关注、点赞、评论等数据，影响其他抖音用户的选择，在妨碍、破坏微某公司合法提供的抖音产品或者服务正常运行的同时，也违背了其他抖音用户使用抖音App观看高质量真人短视频的意愿，增加商业宣传或广告视频的播放比例，在一定程度上对其他抖音用户进行了误导，影响其他用户使用抖音App的体验，侵害消费者的知情权、选择权等合法权益，违反了《反不正当竞争法》第12条第2款第4项之规定，构成不正当竞争。2022年3月14日，广州知识产权法院判决泽某公司停止侵害微某公司合法权益的不正当竞争行为，即立即停止销售、运营、宣传、推广"抖管家""播商管家"软件中的养号等虚假刷量功能，赔偿微某公司经济损失100万元及合理维权费用 55000 元。一审宣判后，双方当事人均不服提起上诉。广东省高级人民法院于 2023 年 11 月 21 日作出（2022）粤民终 2887 号民事判决，驳回上诉，维持原判。

（三）意义

本案涉及对抖音 App 上的数据进行虚假刷量和抓取行为是否构成不正当竞争的审查认定，一审、二审判决从竞争者利益、消费者权益和社会公共利益等多维度出发，认定泽某公司实施的虚假刷量行为是利用技术手段制造虚假、无效的关注、点赞、评论等数据，妨碍、破坏微某公司合法提供的抖音产品或者服务正常运行，构成不正当竞争；同时，适用《反不正当竞争法》一般条款判断被诉侵权数据抓取行为是否具有不正当性进行综合评价，最终得出涉案数据抓取行为不构成不正当竞争的结论，避免因"泛道德化"而过度限制竞争自由，维护《反不正当竞争法》鼓励市场竞争自由、公平和效率的基本价值取向。本案判决对如何判定虚假刷量、数据抓取行为的不正当性具有良好的示范效应，在严厉打击互联网不正当竞争行为、维护互联网领域公平有序竞争秩序、为市场主体的竞争行为划定边界的同时，也能够激励市场竞争者正当地利用数据资源进行技术创新，妥善处理好技术创新与竞争秩序维护、竞争者利益保护与消费者福利改善的关系。

编写人：裴晶文

49. 腾某科技公司等诉简某公司等不正当竞争纠纷案

（一）案情

原告腾某科技公司是"微信"应用软件的著作权人，其授权腾某计算机公司运营"微信"应用软件，"微信"上线以来，经过运营者的不断投入和经营，"微信"及其子功能的知名度非常高，"微信"图标、"朋友圈"图标及名称等商业标识影响力非常大，具有极高的美誉度。被告简某公司是"连信"应用软件的开发者，"连信"使用了与"微信"主图标等相同或近似的商业标识。被告连某公司通过运营"WiFi 万能钥匙"为"连信"应用软件提供链接、下载以及提供免费 Wi-Fi 功能、宣传和推广。腾某科技公司、腾某计算机公司认为简某公司、连某公司构成不正当竞争，故诉至法院请求判令停止不正当竞争行为，共同赔偿经济损失 1000 万元和合理开支 20 万元等。

（二）裁判

广东省广州市天河区人民法院一审认为，腾某科技公司已将微信软件授权腾某计算机公司运营，腾某科技公司不存在直接运营行为，亦未举证证明其存在实际的经营性使用行为，对微信软件及相关元素等不享有竞争利益，不是本案适格原告，遂裁定驳回其起诉。同时，认定简某公司使用"连信"漂流瓶界面、好友圈图标、漂流瓶图标、红包界面等行为构成对腾某计算机公司的不正当竞争；连某公司构成帮助侵权。遂判决简某公司停止侵权，消除影响，赔偿腾某计算机公司经济损失及合理开支 160 万元，连某公司对其中的 60 万元承担责任。广州知识产权法院二审认为，腾某科技公司授权腾某计算机公司运营"微信"，有权以其名义进行维权，不能排除腾某科技公司是"微信"的实际运营者或者潜在运营者。腾某科技公司与腾某计算机公司为"微信"的共同运营者，符合《反不正当竞争法》所规定的经营者，有权作为共同原告提起本案诉讼。"连信"应用软件擅自使用与"微信"主图标、"朋友圈"图标及名称、"漂流瓶"图标及名称、红包相关界面、漂流瓶相关界面等相同或近似的商业标识，构成不正当竞争。简某公司、连某公司属于高度关联公司，共同经营"连信""WiFi万能钥匙"，构成共同实施不正当竞争行为。广州知识产权法院改判撤销一审裁定及判决，简某公司、连某公司停止不正当竞争行为，消除影响，以及连带赔偿经济损失及维权合理开支共520万元。

（三）意义

本案涉及仿冒知名社交软件"微信"相关标识所引发的不正当竞争纠纷，权利人是国内外互联网领域具有较大影响力的企业，涉案"微信"软件具有较高知名度和市场价值，是国内民众使用最为广泛的社交软件。广州知识产权法院根据市场竞争行为本质，准确认定反不正当竞争法意义上的"经营者"；并结合互联网企业特点，准确认定仿冒"有一定影响的标识"的不正当竞争行为及其共同侵权行为，并予以严厉打击，彻底肃清互联网不正当竞争的整体环境。本案裁判取得良好的法律效果和社会效果，彰显了知识产权"严保护"的司法理念和司法担当，有效保护互联网企业的合法权利，规范互联网领域的竞争秩序，引导互联网产业的健康有序发展。

编写人：蒋华胜　杨　博

50.腾某公司等诉爱某公司
不正当竞争纠纷案

（一）案情

腾某公司等运营微信软件，爱某公司运营瓦力抢红包软件，用户只要下载安装被诉软件即可实现自动抢微信红包，抢完红包后自动在微信群聊界面上弹出广告窗口。经鉴定，被诉软件利用技术手段，通过监听微信红包关键字等或重写接口对微信进行劫持来实现自动抢红包。腾某公司等以爱某公司的上述行为构成不正当竞争为由诉至法院，请求判令爱某公司停止侵权并赔偿损失5000万元。

（二）裁判

广州知识产权法院认为，《反不正当竞争法》第2条的"一般条款"与第12条的"互联网条款"共同构成了互联网领域经营者从事生产经营活动应遵循的规范。适用法律时，若认定被诉侵权行为违反第12条规定则无须再适用第2条规定判定侵权是否成立。至于该行为是否属于违反《反不正当竞争法》第12条第2款第4项"小兜底"的不正当竞争行为，应同时符合《反不正当竞争法》第2条的大兜底规定的原则和精神，从以下几个方面进行分析：1.爱某公司是否利用网络从事生产经营活动，与腾某公司等存在竞争关系；2.爱某公司是否利用技术手段，通过影响用户选择或其他方式，实施了妨碍、破坏腾某公司等合法提供的微信正常运行；3.该行为是否扰乱互联网市场竞争秩序，损害腾某公司等或者消费者的合法权益；4.该行为是否违反了诚信原则和商业道德。爱某公司运营的瓦力抢红包软件具备自动抢微信红包功能，系违反诚信原则和商业道德的行为，且通过该行为抢夺了腾某公司等的商业机会，利用腾某公司等积累的用户为自身牟取广告营销利益，并损害了消费者的合法权益，系在非法损害他人正当经营的基础上，为自身谋取不当利益，扰乱互联网环境中市场竞争秩序的行为，应属《反不正当竞争法》第12条第2款第4项所规制的不正当竞争行为。此外，被诉软件未经腾某公司等同意在微信界面上弹出广告页面的行为亦属于《反不正当竞争法》第12条第2款第1项所规制的流量劫持行为。2021年8月16日，广州知识产权法院判决爱某公司停止侵权并赔偿腾某公司等经济损失共计500万元。一审法院判决后双方均未提起上诉，现已发生法律效力。

（三）意义

本案是外挂软件实现通过自动代替人工手动抢微信红包所引发的不正当竞争纠纷，案涉微信软件与群众日常生活密切相关。本案判决通过对该种不正当竞争行为的判定，维护了互联网领域公平竞争秩序、保护了消费者的合法权益、彰显了社会主义核心价值观诚信的价值要求，充分发挥了司法裁判在互联网治理中的规则引领和价值导向作用。本案一审判决后，双方当事人均服判息诉，判决结果也引起社会和相关公众的极大关注并得到一致认可和支持，有效保护了互联网企业的合法权利，推动互联网产业的健康发展。此外，本案对《反不正当竞争法》"一般性条款"和"互联网条款"的适用关系、"互联网条款"兜底条款的构成要件、流量劫持行为的认定标准等提出了处理思路，对后续涉互联网不正当竞争案件的理解和裁判，具有较强的典型性和指导性。

编写人：谭海华　林奕濠

51. 腾某公司等诉巧某公司、快某公司、刘某宝不正当竞争纠纷案

（一）案情

原告腾某公司、深圳市腾某计算机系统有限公司诉称其为微信软件的独立运营商，该软件具有海量用户及极高知名度。被告巧某公司、快某公司、刘某宝专门针对微信产品和服务研究开发出"友个总管""N+"等被诉软件，安装在华为等安卓系统手机上，并对外销售被诉营销手机，使用被诉手机可实现自动控制多个微信账号并模拟真人手机操作微信，实现虚拟定位站街、定点加粉、自动点赞评论等"外挂"营销功能，并具有伪造微信聊天记录、微信红包、虚假定位等有助于营销用户实现虚假宣传效果的不当功能。巧某公司销售的被诉手机价格为 3680 元 / 台，其所搭载的华为手机市场价为 600 ～ 1200 元 / 台，其宣称被诉手机年销量 1000 台左右，已销售给至少 3000 家客户。腾某公司及其关联公司据此请求判令巧某公司等停止不正当竞争行为、消除影响并连带赔偿经济损失及维权合理开支共计 3000 万元。

（二）裁判

广东自由贸易区南沙片区人民法院一审认定巧某公司等上述行为构成不正当竞争，判令巧某公司等停止侵权、刊登声明消除影响并赔偿经济损失及合理开支共计 300 万元。广州知识产权法院经审理认为，微信软件具有极高的知名度和广泛的市场影响力，巧某公司、快某公司作为同业经营者，擅自针对微信产品开发多项违反微信平台规定的营销功能，自动化、批量化地向不特定微信用户高频发送营销信息，且微信用户无法自动屏蔽或避免，上述功能的实际执行干扰、修改了微信软件的相关运行进程，突破了微信功能设置，对广大微信用户造成频繁骚扰，破坏了微信平台的正常运行秩序，属于《反不正当竞争

法》第 12 条第 2 款第 4 项"其他妨碍、破坏其他经营者合法提供的网络产品或者服务正常运行的行为"。巧某公司、快某公司违反诚实信用原则和基本的商业道德，扰乱市场竞争秩序，综合考虑本案相关因素，一审法院判令停止侵权、消除影响并酌情判赔 300 万元适当，应予维持。

（三）意义

本案系新类型的涉互联网不正当竞争纠纷案件，二审判决对《反不正当竞争法》第 12 条第 2 款第 4 项"兜底条款"的适用条件进行了界定，提出该条款的规制范围应当是满足不正当竞争行为构成要件并与前 3 项列举行为具有同等"危害性"的行为，即仅在具体实施方式上对该条适用增加弹性空间，而保护程度不应有所区别。在考量具体行为是否具有同等"危害性"而应受第 12 条规制时，应立足于具体行为的实施对其他经营者利益、公共利益及消费者利益 3 个维度的影响进行综合判断。此外，本案紧扣加大知识产权保护力度、严厉打击恶意侵权行为、弘扬诚信积极竞争风貌的审理思路，对有违诚信恶意窃取他人商业机会和竞争优势的"搭便车"行为从严规制，合理确定与侵权损害结果相适应的判赔数额 300 万元，既起到制裁恶意侵权行为之效果，亦表明了鼓励诚信经营、坚决打击侵权的态度，着力促进知识产权司法保护水平提升，为粤港澳大湾区发展优化营商环境。

编写人：韦晓云　林新宇

52. 网某公司诉微某公司、淘某公司等著作权侵权纠纷案

（一）案情

网某公司是《梦幻西游》《梦幻西游无双版》《迷你西游》手游的开发者和涉案14幅美术作品的著作权人。微某公司是橙某建站的主办单位，该建站工具是案外人巨某公司的官方落地页广告制作工具。网某公司主张淘某公司通过橙某建站制作、发布的《大圣轮回》手游宣传下载页面侵害其涉案美术作品著作权，遂诉至法院，请求判令微某公司、淘某公司等停止侵权及赔偿损失100万元等。

（二）裁判

广州互联网法院一审认定，微某公司为被诉侵权广告页面的投放提供网址链接，淘某公司通过该网站进行被诉侵权广告投放，二者共同实施涉案游戏推广行为，构成共同侵权，故判决微某公司、淘某公司等赔偿网某公司70000元。广州知识产权法院二审认为，微某公司并非提供单纯的中立技术服务，不适用网络服务提供者的免责原则。微某公司不仅为案外人的广告用户提供落地页广告制作工具，还与其分工合作，共同提供广告发布服务，共享相应经济利益。微某公司作为广告发布者，负有法定审查义务，且其同时作为落地页制作工具和广告发布者具有更强审查能力，又从被诉侵权广告直接获得经济利益，加之被诉侵权广告的侵权信息明显，故应认定微某公司未尽到合理注意义务，对被诉侵权广告内容侵害网某公司信息网络传播权构成应知，进而应认定其构成广义共同侵权中的帮助侵权。2022年12月31日，广州知识产权法院判决驳回上诉，维持原判。

（三）意义

本案涉及广告建站工具提供平台应否就用户发布的侵权广告承担责任的问题。本案判决指出，建站工具提供平台如能审核广告内容并决定是否发布广告的，应认定为广告发布者，不适用网络服务提供者的免责规定。在判断广告发布者应否就利用其建站工具所发布的侵权广告承担责任时，可从广告发布者对所发布内容审查能力的强弱、是否因所发布内容直接获得经济利益、侵权信息显著程度等因素综合界定其注意义务。如广告发布者未尽合理注意义务，应认定构成帮助侵权。本案树立的裁判规则避免了简单化地全盘否定新兴商业模式，有利于持续规范引导移动广告新业态有序发展，实现知识产权保护与新型经济发展的利益平衡。

编写人：龚麒天　广东省高级人民法院民事审判第三庭副庭长
　　　　　　　　广州知识产权法院原法官
　　　　齐　柳

53.腾某公司诉珍某公司侵害商标权及不正当竞争纠纷案

（一）案情

腾某公司是微某公众号平台的运营商，管理微某公众号平台的用户账号、密码；珍某公司是"某某号助手"应用软件的开发商。经实时监测和抓取软件与后台服务器之间传输的数据包，腾某公司发现珍某公司在"某某号助手"v7.5.7 版本的安装包下载过程中，将微某公众号平台的用户账号、密码提交至其服务器。腾某公司主张，珍某公司的"某某号助手"软件使用近似商标误导相关公众下载，利用技术手段获取并保存微某公众号的用户的账号及密码数据，将微某公众号用户的账号密码置于不确定的风险环境当中，损害腾某公司商标权、微某公众号平台正常运营秩序及微某公众号用户权益。遂诉至法院，请求判令珍某公司停止商标侵权、停止私自收集微某公众号用户数据的行为，并赔偿经济损失 500 万元。

（二）裁判

广州市天河区人民法院一审认定，珍某公司构成侵害商标权及不正当竞争行为，判决珍某公司赔偿腾某公司经济损失（包括维权合理开支）300 万元。广州知识产权法院二审认为，珍某公司通过使用近似商标、近似软件名称及宣传语等方式误导微某公众号平台用户下载其"某某号助手"软件超过 2000 万次，其通过"某某号助手"软件下载过程获取微某公众号用户的账号、密码提交至其服务器的行为，属于对微某公众号用户账号、密码等数据进行收集、存储，应界定为数据处理行为。珍某公司的数据处理行为缺乏正当性，将微某公众号用户的账户及密码上传至其服务器，不符合用户数据安全利益。珍某公司的涉案行为将微某公众号平台用户的账号、密码置于不确定风险环境中，损害腾某公司对该平台的正常运营秩序及安全，构成破坏其他经营者合法提供的网络服务正常运行的不正当竞争行为。2021 年 11 月 11 日，广州知识产权法院判决驳回上诉，维持原判。

（三）意义

本案属于数据类互联网不正当竞争行为的典型案例。经营者通过技术抓取其他经营者的海量用户账号、密码信息，危及用户数据安全利益，更易造成对网络竞争秩序的冲击，构成即发式数据安全类互联网不正当竞争行为。本案裁判对于危害数据安全行为的规制进行了探索，有效维护了用户数据安全利益，促进了网络数据的合法获取和有效保护，有力规制了互联网的数据不正当竞争行为。本案的处理取得良好的社会效果及示范性意义，实现了法律效果与社会效果的统一，得到新闻媒体的正面宣传报道，并入选广东法院数字经济知识产权保护典型案例（第一批）。

编写人：黄彩丽

54. 加某公司诉字某公司等侵害作品 信息网络传播权纠纷案

（一）案情

字某公司是资讯平台的运营商。该平台的"首页／科技"版块于 2020 年 1 月 31 日发布被诉文章《17 年前阿某全员隔离 马某是怎么熬过非典的？！》，该文章由字某公司使用 RSS 内容源接入同步技术从悠某公司经营的科某网接入，并于其后通过文本分类算法将该文章发布于某某头条平台的"科技"版块，文章信息标明来源于自媒体号"某某生活快报"，而"某某生活快报"账号由悠某公司运营。悠某公司在科某网转载前述文章时，标明"来源：何某某"。加某公司是微信公众号"何某某"的账号主体，且是前述文章的著作权人。加某公司主张，字某公司、悠某公司侵害其对前述文章享有的信息网络传播权，遂诉至法院，请求判令字某公司、悠某公司登报道歉并赔偿经济损失 15 万元。

（二）裁判

广州互联网法院一审认定，字某公司、悠某公司侵害涉案文章信息网络传播权，判令字某公司、悠某公司共同赔偿加某公司 2000 元。广州知识产权法院二审认为，字某公司采用 RSS 内容源接入同步技术和文本分类算法，对其所运营网络平台的用户内容进行版块分发，属于对平台的用户内容进行类型化推荐，其通过用户协议免费获取平台内容的信息网络传播权，并与用户进行获利分成约定，激励用户生成及接入内容，以实现平台获利最大化，故其既提供信息存储空间，同时也是平台内容的管理者。字某公司使用文本分类算法工具，其具备采取预防侵权必要技术措施的条件和信息管理能力。字某公司在平台内容分发主体的选择、预防侵权的技术模式选定及侵权风险的应对方式等方面均具备相应的选择优势。因此，字某公司对于平台上展现率高、阅读量大的文章，负有采取预防侵权必要技术措施的义务，否则应根据其所提供网络服务的性质、方式、管理信息能力、获利分配模式以及停止侵权措施等因素，确定其相应的帮助侵权责任。2022年4月24日，广州知识产权法院判决驳回上诉，维持原判。

（三）意义

使用内容源接入同步技术和文本分类算法等网络数字信息技术作为运营工具，已成为互联网内容平台的新业态。该案结合法律规定、算法工具、获利模式、公众利益4个维度，分析平台运营商的帮助侵权归责原则判定的算法基础和法律依据，厘清算法工具运用能否成为平台运营商的侵权免责事由问题，有助于促进平台经济在数字信息技术和算法工具基础上的健康发展，具有净化网络资讯市场的积极意义，是人民法院护航数字经济和互联网发展的有益探索。本案入选2022年度中国法院50件典型知识产权案例、2022年度广东法院知识产权司法保护十大案件、广东法院数字经济知识产权保护典型案例（第一批），并入选《中国法院2024年度案例》。

编写人：黄彩丽

55. 腾某公司诉易某公司
不正当竞争纠纷案

（一）案情

原告腾某公司系游戏《地下城与勇士》的授权运营商和游戏运营相关权利人。被告易某公司在其 UU898 平台设置游戏商城、招募游戏商户入驻、实行寄售交易和担保交易等，为游戏用户提供上述游戏的游戏账号、游戏币交易服务，收取佣金，并进行相关宣传。腾某公司认为易某公司上述行为构成不正当竞争，2020 年 5 月向法院起诉。该案双方达成和解，约定易某公司立即停止提供《地下城与勇士》等腾某公司运营的全部游戏账号、道具、金币等与游戏相关的虚拟物品交易服务，赔偿腾某公司 200 万元等。该和解协议签订后，易某公司支付了 200 万元赔偿款，但继续提供《地下城与勇士》游戏账号和游戏币的交易服务。腾某公司起诉易某公司立即停止向用户提供《地下城与勇士》游戏账号、游戏币交易服务并赔偿经济损失 500 万元及承担惩罚性赔偿 2000 万元等。

（二）裁判

广州互联网法院一审认定易某公司向用户提供游戏账号与非法获取的游戏币交易服务构成不正当竞争，判决易某公司立即停止提供《地下城与勇士》游戏账号与不能证明合法来源的游戏币交易服务的行为，并赔偿腾某公司经济损失 300 万元和合理开支 3 万元，驳回腾某公司其他诉讼请求。广州知识产权法院二审认为，游戏账号是个人身份信息等各类信息聚合的载体，易某公司提供游戏账号交易服务违反我国有关游戏账户必须实名注册制及互联网账号不得非法买卖、出租等的法律规定，具有不正当性。游戏用户合法正当获取的游戏币的相关权益应受保护，腾某公司不能限制游戏用户对合法获取的游戏币的交易；

但游戏用户利用外挂等破坏计算机程序等非法或不正当方式获取的游戏币，相关利益不受保护；易某公司作为提供游戏币交易服务的专业市场主体，对其平台上出现的异常游戏币交易等违法情况没有尽到注意义务并采取相应防范措施，反而为其提供交易服务获取利益，违反行业商业道德，损害腾某公司、消费者合法权益和社会公共利益，构成不正当竞争。据此，二审法院判决驳回上诉，维持原判。

（三）意义

本案首先确定网络游戏账号和游戏币等网络虚拟财产的法律属性和权利归属，认为游戏账号、游戏币等网络虚拟财产兼具物权和债权双重属性。再依据《反不正当竞争法》第2条规定的原则，评判易某公司为游戏用户提供游戏账号和游戏币交易服务是否具有不正当性，构成不正当竞争。法院认定易某公司作为提供游戏交易服务的专业市场主体，避开网络用户注册实名制和未成年人防沉迷机制及破坏游戏运营机制，为游戏用户提供游戏账号和非法获取的游戏币交易服务，其行为具有不正当性，损害了腾某公司、消费者合法权益和社会公共利益，构成反不正当竞争法意义上的不正当竞争行为。本案体现法院积极适应互联网产业发展的新形势新要求，通过发挥裁判的规范引导作用，维护互联网产业的公平竞争秩序和网络游戏行业的有序发展，保障未成年人身心健康，保护经营者、消费者的合法权益和社会公共利益，积极营造诚实守信规范的市场环境。

编写人：刘小鹏　徐晓霞

56. 虎某公司诉陈某、寻某公司 不正当竞争纠纷案

（一）案情

虎某公司是虎某直播平台的经营者和管理者，虎某直播平台是以游戏直播为主的多元化、弹幕式互动直播平台。寻某公司为拼某多平台的经营者和管理者，陈某在拼某多平台开设的"网某好服务"网店，宣传销售"虎某直播开通"商品，为各平台主播开通直播功能提供虚假实名认证代开服务。虎某公司主张，陈某的行为破坏各直播平台的市场准入机制和平台惩罚措施，干扰了直播平台的正常治理，损害各直播平台诚信、安全的平台生态，损害消费者的合法权益，违反诚实信用原则，构成不正当竞争。遂诉至法院，请求判令陈某停止不正当竞争行为、消除影响并赔偿经济损失及合理维权支出50万元，同时请求判令寻某公司立即关闭涉案店铺，删除相关商品链接。

（二）裁判

广州市南沙区人民法院一审认定，被诉行为规避平台实名身份认证程序，使部分按照相关规定不能从事网络直播行为的用户通过并非其本人的身份信息开通直播服务，损害了虎某公司的合法权益，亦违反了法定的管理规范和公认的行业道德，扰乱直播平台的监管秩序，构成不正当竞争。故判决陈某向虎某公司赔偿8万元。广州知识产权法院二审认为，鉴于虚假实名认证服务对直播商业模式和正常营运秩序的危害，以及对直播行业生态损害的严重性，同时考虑到陈某存在对虎某直播以外的其他网络直播经营者提供虚假实名认证服务，有必要预防、警示和遏制类似涉案不正当竞争行为的重现，故对虎某公司上诉主张陈某及寻某公司关闭店铺的请求，予以支持。2023年2月28日，广州知识产权法院除维持一审判赔数额外，另改判陈某关闭涉案拼某多店铺、寻某公

司注销陈某的拼某多店铺账号。

（三）意义

本案系网络直播领域首例虚假实名认证服务不正当竞争纠纷案件。该案对主播虚假实名认证的不正当性进行了充分论证，并首次判令提供虚假实名认证的网络服务平台商承担关闭被诉店铺的责任。网络直播行业的迅速发展及衍生的经济增长新动能，相应监管滞后导致直播乱象丛生等一系列经济、法律等社会问题。网络直播的治理，若仅仅依靠政府监管，存在技术问题等监管难点，故应当借助直播行业特别是直播平台实现行业自治和自律。网络直播平台作为直播行为的平台提供者和直接管理者，使得其在直播治理中具有天然的优势。因此，既要加强直播平台的自治，也要落实平台治理的责任。本案作为首次判令网络服务平台商承担停止侵权责任的案件，为网络直播健康生态体系的构建提供了一个重要分析样本。本案于2024年入选广州知识产权法院涉数据权益知识产权保护典型案例。

编写人：彭 盎

57. 腾某公司等诉联某公司、登某公司不正当竞争纠纷案

（一）案情

原告腾某公司是即时通讯服务软件"微信"的著作权人，其授权原告深圳市腾某计算机系统有限公司运营并专有使用。被告登某公司在其"OK微信管理网站"上宣传、推销由被告联某公司开发的联络易微信管理系统软件，该软件通过技术手段与微信软件服务器交换数据信息，获取微信软件的用户信息、聊天内容等各类隐私数据，以此实现"个性称呼群发""朋友圈统一管理""管理监控""多微信号聚合管理"以及客户资料录入、数据化管理、辅助品牌营销等服务功能。被诉软件不同版本的报价为980～5980元不等，联某公司官网宣传截至2019年4月使用被诉软件注册企业用户数突破20000家。腾某公司及其关联公司据此请求法院判令被告停止不正当竞争行为、发表致歉声明以消除影响并连带赔偿经济损失1000万元及合理费用450567元。

（二）裁判

广州市天河区人民法院一审认定联某公司、登某公司上述行为构成不正当竞争，判令被告停止侵权、赔礼道歉消除影响并赔偿损失及合理开支合计360万元。广州知识产权法院经审理认为，腾某公司及其关联公司开发、运营的微信软件具有极高的知名度和广泛的市场影响力，联某公司作为同业经营者，擅自使用"微信"商标文字作为名称及域名，且开发、运营、销售的侵权软件严重损害微信软件及其服务的安全性及完整性，妨碍了软件正常运行秩序，对公众的信息数据安全及隐私性具有较大侵害性，故联某公司侵权恶意明显、侵权获利大，属于严重侵权行为，应从重判赔。而登某公司与联某公司存在共同运营侵权软件的事实，应对联某公司的赔偿责任承担部分连带责任。遂改判全额

支持腾某公司的诉讼请求金额 1000 万元，即联某公司赔偿经济损失及合理开支 1000 万元，登某公司就其中 300 万元承担连带赔偿责任。

（三）意义

本案涉及数据妨碍行为构成不正当竞争行为的认定问题。本案认定"微信管家"未经数据权益主体同意破解微信客户端内置公钥和用户协议，并进一步通过商业化营销活动异化微信产品的原有社交功能，严重妨碍微信平台正常运行秩序，产生众多数据安全风险隐患，有损消费者利益和竞争秩序，构成不正当竞争。另本案以"填平损失"为基本原则，并对恶意侵权等严重侵权行为加大惩处力度，合理确定赔偿数额。本案是推进数据权益司法核心理念与现阶段数据基础制度体系构建目标相契合的重要实践，对促进数据权益司法保护水平提升、优化粤港澳大湾区发展营商环境具有积极意义。本案获评广州知识产权法院涉数据权益知识产权司法保护典型案例。

编写人：韦晓云　林新宇

58.求某公司诉新某公司侵害
计算机软件著作权纠纷案

（一）案情

"考某某全国专业技术人员计算机应用能力考试辅导软件"是求某公司开发并享有著作权的软件，该软件通过在求某公司官方网站下载客户端后购买各模块注册码的方式供用户使用。新某公司是新某网的主办单位，经营新某博客。某博客用户在新某博客平台发布博客文章，内容为前述考试软件及破解版软件的介绍，并含下载链接及破解方法、说明等。通过下载链接并按说明步骤运行操作的结果显示，软件经破解后显示的多界面内容与涉案软件正常运行时显示的内容相同，且无须通过注册码注册即可使用。求某公司先后两次向新某公司发出投诉邮件，请求删除链接未果。求某公司主张，新某公司经两次邮件通知，其作为网络服务提供者应知其用户的侵权行为，但至起诉时仍拒绝删除涉案博客文章，该行为损害了求某公司的权益。遂诉至法院，请求判令新某公司停止侵害求某公司涉案软件信息网络传播权的行为，从新某公司网站上撤下侵权文章与链接；赔礼道歉，并赔偿经济损失及维权费用共计10万元。

（二）裁判

广州知识产权法院一审认为，计算机软件著作权人在授权用户使用涉案软件时要求用户接受"一个注册码注册一个模块"等内容的服务模式，是其行使著作权的方式。行为人采取故意避开或者破坏著作权人为保护计算机软件而采取的技术措施，属于侵害计算机软件著作权的行为；网络用户明知涉案软件系未经许可提供、破坏技术措施的侵权软件而予以信息网络传播，构成侵害计算机软件信息网络传播权的行为。经求某公司两次邮件通知，新某公司作为网络服务提供者应知网络用户的侵权行为，其至起诉时未采取删除、屏蔽、断开链接的必要措施，构成帮助侵权行为。因求某公司的权益被持续侵害，新某公司应就帮助网络用户实施侵权、因未及时采取必要措施导致求某公司进一步扩大的损失，承担法律责任。2018 年 4 月 27 日，广州知识产权法院在查明新某公司诉讼期间删除涉案博客文章的情况下，判决新某公司赔偿求某公司经济损失及维权费用 5 万元。双方当事人均没有提起上诉，判决已发生法律效力。

（三）意义

本案系广州知识产权法院第一例因破解学习软件加密措施引发的计算机软件著作权侵权案。互联网的蓬勃兴旺为学习提供了多种路径。教育类软件通过对相应领域知识素材的积累、结构体系的搭建、学习方法的展示、学习成果的检验，为广大网民提供了便利。通过对软件设置加密的方式，促使软件使用者购买注册码，是软件著作权人行使著作权的方式，能为权利人带来利益。不法分子在网络上传播未经授权许可的软件并提供破解方法，避开、破坏权利人设置的技术措施，侵害了权利人的著作权。经权利人合理方式通知，网络服务提供者应知网络用户存在上述行为，但自行设定的投诉规则阻碍了权利人正常、及时、有效的维权，应就帮助服务对象实施侵权的行为承担法律责任。本案先后获评广州知识产权法院、广东省高级人民法院年度十大典型案例以及最高人民法院 2018 年度中国知识产权司法保护白皮书 50 件典型案例。

编写人：佘朝阳

驰名商标案例

>>>>>>>>>>

59. O×××公司诉某臣公司、某超公司侵害商标权及虚假宣传纠纷案

（一）案情

O×××公司系第 45×××××号注册商标的权利人，该商标核定使用在第 9 类手机等商品上；某超公司系第 48×××××号注册商标的权利人，该商标核定使用在第 11 类热水器等商品上。O×××公司主张其注册商标是智能手机上的驰名商标，某臣公司在智能热水器产品及宣传中使用被诉商标，侵害 O×××公司的驰名商标权；某臣公司在其产品宣传中使用的广告语，以及与 O×××公司品牌主色调相同的颜色作为招商邀请函背景色，容易误导相关公众，构成虚假宣传；某超公司许可某臣公司使用被诉商标，并约定从中分享利益，构成共同侵权。O×××公司遂诉至法院，请求判令两被告停止侵权行为并赔偿损失 500 万元等。

（二）裁判

广州知识产权法院一审认定，O×××公司的涉案注册商标在被诉侵权行为发生时已经驰名，某臣公司和某超公司超出核定范围外使用被诉商标，不符合规范使用的要求；第 9 类手机与第 11 类热水器作为生活必需品，作为两者消费者的相关公众基本重合，某臣公司和某超公司在被诉热水器上使用与涉案驰名商标相同的商标，足以使相关公众认为两者存在相当程度联系，减弱了涉案驰名商标的显著性，构成侵权；故判决某臣公司和某超公司停止侵权，并连带赔偿 O×××公司经济损失及合理开支共 100 万元。广东省高级人民法院二审认为，某超公司存在恶意抢注商标行为，主观过错明显，其后续的商标许可使用行为不能谓之正当；某超公司既与某臣公司共同侵权，亦存在单独实施的侵权行为，二者的连带责任承担范围不同。2021 年 4 月 21 日，广东省高级人民法院除对某臣公司的连带责任的赔偿数额作出调整外，其他判项驳回上诉、维持原判。

（三）意义

本案系涉及注册商标之间权利冲突，以及在先权利认定的典型案例。市场经济高速发展的时代，企业之间对知识产权的争夺愈发激烈，由此产生的知识产权权利冲突的现象亦日趋增多。在我国知识产权法律体系中，保护在先权利原则确已作为知识产权保护共识写入《商标法》等法律中，但何为在先权利，如何判定在先权利，法律及相关司法解释并未给出明确解答。本案判决旗帜鲜明地指出，权利的行使均有其边界，而权利本质又要求其为正当的，当权利的行使逾越其边界时不应得到法律保护。故而，若当事人非规范使用在先注册商标，已超出法律赋予其注册商标专用权的应有边界，则不应认定为在先权利，更不应适用保护在先权利原则。本案的审理，积极回应业界关切，明确了在先权利的认定思路和标准，通过裁判树立鲜明导向，为准确理解知识产权领域所述权利冲突，正确适用保护在先权利原则，精准把握加强知识产权保护与防止权利滥用的法律界限提供了案例指引，有利于规范注册商标权利使用，有效保护企业和商标使用人的利益，彰显了人民法院坚持统筹协调的知识产权保护理念。

编写人：龚麒天　广东省高级人民法院民事审判第三庭副庭长
　　　　　　　广州知识产权法院原法官
　　　杨春莲

60. 倍某公司诉倍某国际公司等侵害商标权纠纷案

（一）案情

原告倍某公司是 G6××××5 号、第 7××××6 号、第 8××××7 号商标权人和商标申请人，该 3 件商标均核定使用在第 12 类"橡胶轮胎、车轮胎"等商品类别。其中 G6××××5 号商标最初于 1986 年 5 月 12 日在意大利注册使用，倍某公司 1993 年 6 月 1 日通过国际注册商标领土延伸的方式将该商标在中国进行登记，并于同年 8 月 21 日和次年 9 月 27 日先后在中国申请注册了前述另两件商标。2007 年 9 月，G6××××5 号商标被国家知识产权局商标局评为驰名商标。

2015 年，倍某公司因认为"倍某"运动功能饮料上标示的两件被诉侵权标识构成对涉案 3 件商标的模仿和翻译，将产品标示的委托方被告倍某国际公司，大陆营销商被告深圳倍某食品饮料公司，生产商被告贝某公司，前述两公司的独资股东祁某良及"倍某网站"域名注册人祁某耀列为共同被告诉至广州知识产权法院，诉请五被告停止商标侵权行为并共同赔偿 100 万元等。本案中，倍某公司以涉案 3 件商标皆具驰名性请求保护。

（二）裁判

广州知识产权法院认为，倍某公司提交的证据足以证明 G6××××5 号、第 7××××6 号商标在本案被诉侵权行为发生时在中国境内已为相关公众所熟知；但同时认为企业知名度并不必然地等同于其某具体品牌的知名度，现有举证都不足以认定第 8××××7 号商标在被诉行为发生时具备应认定为驰名商标的法定条件，故仅认定前两件商标为驰名商标予以"跨类"保护。经审查，广州知识产权法院认定经倍某公司多年来对众多国内外具有重大影响力的运动赛事的积极参与和支持，加之其品牌轮胎以"运动性、耐磨力和安全性"知名，在广大中国消费者心中成功塑造了激情、健康、耐力的运动形象，而涉案"倍某"饮料产品自称具有缓解疲劳的功能，在该产品上使用复制、模仿、翻译倍某公司注册和使用在先的前述两驰名商标的标识构成商标侵权。

2017年10月19日，广州知识产权法院判决倍某国际公司、贝某公司停止侵害倍某公司第7××××6号、G6××××5号商标专用权的行为，共同赔偿倍某公司20万元等。判后，倍某国际公司、贝某公司上诉后又撤回上诉，判决已发生法律效力。

（三）意义

驰名商标是社会及企业的重要财富，许多外国知名企业在进入中国之前就已经家喻户晓，但其进入中国后注册的商标并不当然被认定为驰名商标。驰名商标保护的目的在于适当扩张具有较高知名程度的商标的保护范围和保护强度，不是评定或者授予荣誉称号。若当事人主张驰名商标保护且符合保护条件和确有必要的，应当依法予以认定和保护。对于社会公众广泛知晓的驰名商标，要结合众所周知的事实，可适当减轻商标权人对于商标驰名的举证责任。认定驰名商标并不要求等同划一的知名度标准，但驰名商标的保护范围和强度要与其显著性和知名度相适应。本案对涉案3件商标的保护范围进行了严格的界定，是严格适用法律的结果，亦再次彰显了知识产权法平衡知识产权权利人与社会公众利益的功能。

编写人：郭小玲

61. 拉某公司诉老某公司、劳某公司侵害商标权及不正当竞争纠纷案

（一）案情

第 2××××1 号 "RALPH LAUREN" 商标于 1987 年 2 月 20 日在第 25 类 "衣服" 商品上获准注册，具有较高知名度。原告拉某公司为该商标权利人。被告老某公司、劳某公司共同开设工厂制造、在全国开设百多家店铺销售运动鞋、衣服、皮带等多种被诉商品，认证 "劳夫羅倫国际""劳夫罗伦" 微信公众号。微信公众号和销售店铺店面、广告宣传及商品吊牌、包装袋等处标注有 "劳夫羅倫""劳夫罗伦" 标识。劳某公司于 2017 年 7 月变更为含有 "劳夫罗伦" 字号的企业名称，申请注册 "劳夫罗伦""劳夫羅倫" 多个商标，但该商标或被商标局宣告无效，或处于被无效宣告或异议程序中。拉某公司请求认定 "RALPH LAUREN" 商标为驰名商标，并请求老某公司、劳某公司停止侵害商标权及不正当竞争行为，共同赔偿其经济损失及合理维权费用 500 万元。

（二）裁判

广州知识产权法院经审理后认为，第 2××××1 号 "RALPH LAUREN" 商标在第 25 类衣服商品上注册，劳某公司亦在第 25 类商品上申请注册 "劳夫罗伦" 等商标。因此，本案有认定涉案商标是否驰名的必要。拉某公司提交的证据足以证明 "RALPH LAUREN" 商标已达到驰名程度，应认定其在第 25 类衣服商品上为驰名商标。老某公司、劳某公司在相同或类似商品上使用 "劳夫羅倫""劳夫罗伦" 被诉侵权标识，该标识与 "RALPH LAUREN" 商标的中文音译词近似，易使相关公众混淆误认，老某公司、劳某公司在相同和类似商品上摹仿或翻译他人在中国注册的驰名商标，侵犯拉某公司商标专用权。劳某公司企业字号 "劳夫罗伦" 与 "RALPH LAUREN" 商标中文音译词近似，足以使相

关公众产生混淆，构成不正当竞争。一审判决：老某公司、劳某公司停止侵犯拉某公司第 2××××1 号"RALPH LAUREN"注册商标专用权及虚假宣传的不正当竞争行为，共同赔偿拉某公司经济损失及为制止侵权行为支出的合理开支 500 万元；劳某公司变更企业名称。老某公司、劳某公司不服上诉，后又申请撤回上诉，一审判决已发生法律效力。

（三）意义

本案涉及外文驰名商标中文译名的保护问题。对外文驰名商标中文译名的保护，应当符合三个构成要件：1. 请求保护的外文商标有认驰必要且达到驰名程度；2. 被诉侵权标识是对外文驰名商标的"复制、摹仿或者翻译"；3. 被诉行为容易导致相关公众混淆或误认，致使驰名商标权利人的利益可能受到损害。本案首先依照驰名商标"个案认定、因需认定"原则，对涉案商标是否有必要认驰进行审理。其次，根据涉案商标持续时间、市场声誉、销售范围、广告宣传等情况，认定其在第 25 类商品上为驰名商标。最后，被诉标识与外文驰名商标在呼叫上具有对应关系，将该中文译名作为商标使用即构成使用与该外文商标近似的商标，系对驰名商标的"复制、摹仿或者翻译"，易让相关公众混淆误认。本案通过禁用与中文译名相同或近似的标识实现对外文驰名商标的保护，对于利用特定语言对应关系，有意攀附他人外文驰名商标市场声誉，误导相关公众，不正当获取竞争优势的行为，依法作出否定性的司法评价，维护健康的市场竞争秩序。

编写人：刘小鹏

62.华某公司诉超某公司侵害商标权及不正当竞争纠纷案

（一）案情

华某公司在多个类别上享有"华润""华润纺织"注册商标专用权。2013年1月，国家工商行政管理总局商标评审委员会认定第7×××××号"华润"商标在"资本投资"服务上已构成驰名商标。国家工商行政管理总局发文通知加强"华润"字号保护。多家法院判决认定"华润"字号为臆造词，具有较强的识别性。超某公司在其官网上使用"华润制衣"字样及"华润"图文；域名为www.nchuarun.com。超某公司原企业名称为"南昌华某制衣有限公司"，并于2020年12月17日变更企业名称为现名。华某公司主张超某公司在其网站上突出使用"华润"及"华润制衣"，并将"华润"商标相同拼音注册为域名并使用，构成商标侵权，以及超某公司使用华润作为企业字号登记使用及在经营活动中使用华润、华润制衣、huarun侵害其知名字号权、企业名称权，将华润作为企业字号登记使用侵害其驰名商标的权利，将华润作为字号进行登记侵害其商标权，构成不正当竞争。

（二）裁判

广州知识产权法院认为，超某公司在其官网上对"华润制衣"字样及"华润"图文以及在域名中对"华润"的汉语拼音"huarun"的突出使用，构成商标性使用，且上述使用与华润商标核定使用的服装及市场营销等商品服务的范围相同或类似，且被诉侵权标识与注册商标构成近似，故构成商标侵权。关于华某公司起诉认为超某公司侵害了其持有的第7×××××号商标在资本投资上的商标权利，请求认定该商标为驰名商标并要求跨类保护问题，法院认为依据《最高人民法院关于审理涉及驰名商标保护的民事纠纷案件应用法律若干问题的解释》第3条规定，由于已认定超某公司的行为侵犯了华某公司的商标专用权，故认定超某公司构成商标侵权无须以第7××××号商标在资本投资上是否驰名为事实依据，故对华某公司第7××××号商标在资本投资上是否为驰名商标不予审查。关于华某公司主张超某公司将华润作为企业字号登记使用侵犯了华某公司作为驰名商标的权利，构成不正当竞争问题，由于本案认定超某公司构成不正当竞争不以商标驰名为事实根据，故对华某公司的该项主张不予支持。

（三）意义

权利人在被诉标识所属商品服务类别上已持有有效注册商标，却要求将不同类别的注册商标认定为驰名商标并要求跨类保护，其行为应属于滥用权利，通过主张认定驰名商标来选择管辖法院，企图逃避级别管辖的规定。因此，在立案时，可以加强对此类案件在权利基础、被诉行为方面的审查。本案中，华某公司在服装、服装制作、服装设计、市场营销等类别上均持有有效注册商标，被诉标识与华某公司注册商标构成近似，华某公司提交的证据足以证明被告构成对华某公司在上述类别中注册商标的侵权。在不正当竞争方面，华某公司亦能够举证证明被告在其企业字号中使用"华润"文字的行为构成不正当竞争。故，承办法官认为本案不存在"认驰"的必要性。

编写人：谭卫东　郝文灿

63. 玛某公司诉商某公司侵害商标权及不正当竞争纠纷案

（一）案情

玛某公司是全球及中国市场上最具影响力的宠物食品企业美国玛某公司在中国设立的全资子公司，主要从事研制、生产、批发销售食品、宠物食品和宠物护理产品等。玛某公司认为商某公司在淘宝店铺及展会中销售使用"玛氏"和"MARS"商标的宠物食品、进行宣传，侵害了玛某公司享有的未注册驰名商标权利及企业名称权，构成不正当竞争，故提起本案诉讼，请求判令商某公司停止侵害玛某公司企业名称"玛氏"、未注册驰名商标"玛氏"和"MARS"权利的行为以及赔偿经济损失等。

（二）裁判

广州知识产权法院认为，关于未注册驰名商标权，玛某公司生产、销售的宠物食品产品使用的主要是"宝路""伟嘉"等商标而非"玛氏"或"MARS"商标，玛某公司的证据不足以证明其将"玛氏""MARS"作为商标在我国经过长期、广泛宣传使用，不足以证明上述商标在宠物食品商品上已为相关公众所熟知，具有驰名商标所应有的广泛影响力和知名度，故玛某公司主张"玛氏""MARS"在宠物食品上应认定为未注册驰名商标，依据不足；关于企业名称权，玛某公司在变更为"玛氏"字号前，相关公众已经清楚了解美国玛某公司、玛某公司以及在相关公众中具有很高知名度的宝路和伟嘉等品牌宠物食品商品之间的关联，商标标识的知名度辐射到字号的知名度，进一步巩固了相关公众对于玛某公司与"玛氏""MARS"字号之间存在特定联系的认识，认定玛某公司的"玛氏"字号在商某公司申请注册"玛氏""MARS"商标前已属于有一定影响的企业字号；关于玛某公司使用的字号与商某公司使用的商标是否容易导致混淆，通过综合比对玛某公司字号的知名程度、玛某公司与商某公司商品的类似程度、玛某公司字号与商某公司使用的商标与标识字样的近似程度、相关公众的注意程度、商某公司的主观意图以及是否存在实际混淆的证据等因素，认定足以导致混淆误认，商某公司构成擅自使用玛某公司有一定影响的"玛氏"字号的不正当竞争行为。2019 年 7 月 29 日，广州知识产权法院判决商某公司停止在其生产、销售的宠物食品上使用"玛氏"、"MARS"商标及宣传行为，并赔偿玛某公司经济损失及合理开支合计 40 万元等。一审宣判后，商某公司不服提起上诉。广东省高级人民法院作出二审民事判决：驳回上诉，维持原判。

（三）意义

本案被告享有注册商标权，原告先是主张其享有在先未注册驰名商标权，并同时主张其享有在先企业名称权（字号权）的权利冲突案件；以未注册驰名商标权和字号权在同一案中来起诉被告注册商标权的民事案件较为少见，而且本案还涉及被告注册的商标最后被生效裁判认定在宠物食品上的注册损害美国玛某公司在先商号权予以无效宣告，因此该案实质是在先权利人对于抢注商标的行为人主张停止侵权并赔偿损失的案件。在审查以字号权来起诉注册商标权的民事案件时，应当根据《最高人民法院关于审理不正当竞争民事案件应用法律若干问题的解释》第 6 条关于有一定影响的企业名称的规定进行认定，综合考虑权利人字号的知名程度、双方商品的类似程度、权利人字号与对方使用的商标标识字样的近似程度、相关公众的注意程度，以及对方的主观意图、是否存在实际混淆的证据等因素综合进行认定。

编写人：朱文彬　刘世汀

64. 广东富某公司诉广州富某公司、 临沂富某公司、郭某侵害商标权纠纷案

（一）案情

国家知识产权局商标局核准注册的第1××××××号商标，核定使用商品为第12类，包括拖车（车辆）、车辆拖车连接装置等商品，该商标于2017年4月20日核准转让给广东富某公司。2011年5月27日，商标局批复认定，上述FUWA商标在第12类"车轴"商品上为驰名商标。2019年5月13日，广东富某公司购买的被诉侵权产品的罐装包装及纸箱包装上印有"/Fuwaqiao"等字样，并显示经销商为临沂富某公司。并于2019年9月在临沂富某公司展会展位取得宣传单、名片，该名片印制有郭某信息，宣传单上使用"Fuwa""/Fuwaqiao"标识。广东富某公司起诉广州富某公司、临沂富某公司、郭某构成商标侵权。

（二）裁判

广州知识产权法院认为，首先，涉案商标核定使用的商品类别为第12类，被诉侵权行为发生在第4类商品上；其次，两者虽均属于车辆配件，但在用途上存在一定区别，销售渠道及消费对象也不完全相同。综合考虑上述因素，应认定两者属于不相同或不相类似的商品，故在广东富某公司请求跨类保护的情况下，本案有必要对涉案商标是否为驰名商标作出认定。广东富某公司提交的国家知识产权局商标局认驰记录、涉案商标作为驰名商标受保护的情况、纳税情况、行业协会证明、销售发票、荣誉证书等证据真实有效、能够相互印证，据此认定涉案商标在被诉行为发生时已经驰名。被诉侵权标识完整包含了权利商标，部分设计元素明显模仿权利商标。权利商标虽核准使用在第12类车轴产品上，与被诉侵权产品不相同也不相类似，但润滑脂主要用途在于使用在机械摩擦部分起润滑、密封作用，或是使用于金属表面起填充空隙和防锈作用，

车轴作为汽车的金属机械配件，润滑脂使用范围涵盖车轴产品，故在润滑脂上使用被诉侵权标识，足以使相关公众认为被诉侵权标识与驰名商标存在相当程度联系。该行为减弱了广东富某公司涉案驰名商标的显著性，不正当地利用了该驰名商标的市场声誉，因而侵害了该驰名商标专用权。

（三）意义

驰名商标司法认定程序是以事后认定、个案认定、被动保护为特征的动态认定机制。当事人的请求和案件的具体情况是对涉及的商标是否驰名依法作出认定的前提条件。依据《最高人民法院关于审理涉及驰名商标保护的民事纠纷案件应用法律若干问题的解释》第2条规定，当事人以商标驰名作为事实根据，人民法院根据案件具体情况，认为确有必要的，对所涉商标是否驰名作出认定，故是否满足"确有必要"是进行驰名商标认定的先决条件。一般而言，只有在注册商标无法提供保护的情况下，需要依据驰名商标提供更大保护范围时，才有必要根据当事人的请求及其提供的相关证据来认定该商标是否构成驰名商标。而本案存在需跨类保护的情形，有认定驰名商标的必要性。本案审理结果有效地维护了驰名商标权利人的合法利益，彰显了人民法院持续加大知识产权司法保护力度、以高质量司法服务护航高质量发展的决心和作为。

编写人：谭卫东　郝文灿

65. 东某洁具公司、东某控股公司等 诉冻某电器公司等侵害商标权 及不正当竞争纠纷案

（一）案情

原告1东某洁具公司是第12××××9号注册商标""、第94××××1号注册商标"东鹏"的商标权人，原告2东某控股公司是第12××××4号注册商标""的商标权人。东某洁具公司、东某控股公司认为被告1冻某电器公司、被告2欢某电器公司为关联公司，未经其许可，大量生产、销售带有与注册商标近似的、、、侵权标识的吸油烟机等电器产品，并通过官网等进行宣传，被诉侵权商品标记的生产商为被告1冻某电器公司、被告3威某电器公司、被告4阿某电器公司。柯某明是冻某电器公司、欢某电器公司的股东，且申请商标供冻某电器公司、欢某电器公司使用。威某电器公司、阿某电器公司与冻某电器公司共同实施了生产被诉侵权商品的行为，构成共同侵权。冻某电器公司官网、公众号等广告宣传中虚假宣传其曾获"高新技术企业""质量·服务·诚信AAA单位""全国消费者放心满意品牌"等荣誉，冻某电器公司使用的"东鹏""冻鹏"企业字号构成不正当竞争。故原告1、原告2诉至法院请求认定第12××××9号注册商标""、第94××××1号注册商标"东鹏"、第12××××4号""为驰名商标，请求判令冻某电器公司、威某电器公司等停止侵权及不正当竞争行为，连带赔偿其经济损失及合理开支共计5200000元等。

（二）裁判

广州知识产权法院认为，被诉侵权商标在提出注册申请时，第12××××9号注册商标、第12××××4号注册商标已构成驰名商标。第33××××2

号 东鹏 注册商标、第 39××××7 号 **DPENGA 冻鹏** 注册商标侵害第 12××××9 号 东鹏、第 12××××4 号 东鹏 注册商标专用权；被诉侵权标识 东鹏、东鹏、东鹏 东鹏特斯标识侵害第 12××××9 号 东鹏、第 94××××1 号 **东鹏** 注册商标专用权；被诉侵权标识 东鹏、东鹏、东鹏、东鹏特斯标识侵害第 12××××4 号 东鹏 注册商标专用权；冻某电器公司使用"冻鹏"字号的企业名称及宣传"高新技术企业""质量.服务.诚信 AAA 单位""全国消费者放心满意品牌"构成不正当竞争行为。2024 年 1 月 4 日，广州知识产权法院判决冻某电器公司、欢某电器公司、威某电器公司、柯某明停止侵害注册商标专用权及不正当竞争行为，消除影响；冻某电器公司、欢某电器公司、柯某明连带赔偿东某洁具公司、东某控股公司经济损失及合理开支共计 5200000 元，威某电器公司对其中的 120000 元承担连带赔偿责任。2024 年 6 月 27 日，广东省高级人民法院判决驳回上诉，维持原判。

（三）意义

本案为涉及驰名商标认定的典型案例。生效判决针对侵害注册商标专用权的三种情形，根据权利人的请求，遵循按需认定原则，认定权利商标为驰名商标；同时在民事诉讼程序中通过驰名商标的认定，解决注册商标与驰名商标之间的冲突问题，对类案的处理具有一定的借鉴意义。法院综合考虑权利商标具有较强显著性、市场价值较高，被诉侵权人共同实施多种侵权行为，被诉侵权人使用与权利商标高度近似的商标，主观恶意明显，侵权情节及后果较为严重，严重违背诚信诉讼等具有惩罚性的因素，酌定被诉侵权人承担较高金额的赔偿责任，通过提高损害赔偿数额来严格知识产权保护，遏制知识产权恶意侵权行为，彰显司法严格保护的基本立场，对营造良好营商环境具有典型意义。

编写人：蒋华胜　杨　博

66. 海某甲公司诉海某乙公司、王某等侵害商标权及不正当竞争纠纷案

（一）案情

原告海某甲公司诉至法院称，其权利商标核定使用在第30类商品上，包括酱油、咖啡、茶、糖等30余种商品。被诉侵权饮料产品与海某甲公司的调味品二者属于食品类别，两者具有相当程度相关性，且海某甲公司在本案中主张其权利商标为驰名商标，被告海某乙公司等8被告在饮料产品上使用被诉侵权标识，侵害了海某甲公司的商标专用权。海某乙公司等被告辩称，被诉侵权商品属于第32类，可以直接饮用，海某甲公司权利商标属于30类，属于调味品，不能直接饮用，不是同类或相近似商品，两者在性质、功能上有本质区别，不会构成混淆，并且认为海某甲公司要求认定驰名商标没有事实和法律依据。

（二）裁判

广州知识产权法院一审认为，企业为了有效维护自身商誉，往往通过注册系列商标的方式明晰、巩固其权利范围。本案中，海某甲公司亦申请注册了与被诉侵权商品的同类商标，但商标权人有权根据自身的商标体系和诉讼策略选择对其最为有利的商标作为诉讼的权利基础。广州知识产权法院一审判决海某乙公司等被告停止侵权、消除影响、赔偿原告经济损失300万元及合理开支10万元。2020年5月11日，广东省高级人民法院二审判决：驳回上诉，维持原判。

（三）意义

本案争议焦点在于权利人享有多个商标权（包含与被诉侵权产品同类商品的商标）的情况下，权利人是否可选择以驰名商标跨类保护的方式寻求更为有

利的救济。首先，被诉侵权行为发生之后，以何项商标权请求保护，属于权利人自主决定范畴，符合民事活动的意思自治原则。其次，商标的保护范围与知名度成正比。对普通注册商标的损害主要是损害其识别功能，而对驰名商标的损害，除了损害其识别功能之外，还可能造成驰名商标淡化、弱化等其他后果。况且，商标是否构成近似、被告主观状态、商品来源混淆可能性等的判断均与商标的知名度息息相关。尤其在被诉侵权标识与权利人注册商标标识存在一定程度区别的情况下，以驰名商标主张权利与以其他注册商标主张权利，侵权认定的结果可能截然相反。可见，两者的司法救济并非完全可以相互替代。驰名商标认定制度意在加强商标权保护，而非限制商标权人行使权利。通常情况下，如果商标注册人在同种或类似商品上注册的商标，足以使得其获得与驰名商标同等水平的保护，则无须再对商标权人提供驰名商标的保护。而同等水平的保护，至少需要考量对停止侵权和赔偿损失两方面的影响。驰名商标因需认定之"需"，最终应当归结为是否足以保护商标权人利益之需。

本案在遵循被动、因需、个案、事实认定原则下，明确了权利人在享有多个注册商标时亦可选择以驰名商标跨类保护的方式寻求更为有利的救济，对于驰名商标案件的审理具有积极的指引作用。此外，本案加强了对名优品牌的保护，对于侵犯驰名商标合法权益的，坚持在法定限度内从高判处赔偿额，为营造公平、有序的营商环境提供了坚实的司法保障。

编写人：刘　宏　王厚权

67. 碧某公司诉碧某国际公司等 侵害商标权纠纷案

（一）案情

碧某公司成立于 2009 年，一直生产、销售自主品牌的化妆品。"𝔟"系碧某公司最主要的商标，读音与碧某公司企业字号"碧欧"相同，且与"碧欧"拼音"biou"的首字母相同。碧某公司于 2013 年在第 3 类护发素、洗发液、浴液、化妆品等商品上申请第 1×××××号注册商标"𝔟"。碧某国际公司设立于 2011 年，原名广州道某公司，2014 年名称变更为广东碧某公司，2018 年名称变更为现名称碧某国际公司。碧某公司通过汝某韶关分公司在淘宝网开设的"芭某美发店"购买取得了 4 款产品。碧某公司认为碧某国际公司等的行为已构成侵害其注册商标专用权。

（二）裁判

广东省广州市白云区人民法院一审判决驳回碧某公司全部的诉讼请求。碧某公司不服提起上诉。广州知识产权法院二审认为，本案存在应适用《商标法》第 32 条对于抢注商标行为进行否定性评价还是应当适用《商标法》第 59 条第 3 款商标在先使用抗辩的问题。在后注册商标申请人在申请注册商标时主观上是善意还是恶意，是区别适用上述两种法律制度的关键；在后注册商标申请人主观上明显存有恶意，应考虑对其抢注商标滥用权利行为给予否定性评价，而非适用"商标在先使用抗辩"制度对在先使用人施以"原使用范围""附加适当区别标识"等限制后对先后二者的行为均予以肯定。广州知识产权法院二审判决驳回上诉、维持原判。

（三）意义

本案被评选为 2022 年度中国法院知识产权司法保护 50 件典型案件。本案在细化商标法条文、填补法律空白、统一裁判尺度法律等方面有一定指导意义。在本案之前，《商标法》没有明确区分第 32 条"抢注商标行为的否定性评价"以及第 59 条第 3 款的"商标在先使用抗辩"两种情形的适用要件。"商标在先使用抗辩"只是在先使用人被动、有限的抗辩理由，而"抢注商标行为的否定性评价"制度则是全面否定滥用权利者的有力武器。二审判决创新性地指出应当区分"抢注商标行为的否定性评价"以及"商标在先使用抗辩"两种情形。在后注册商标申请人在申请注册商标时主观上是善意还是恶意，是区别适用商标在先使用抗辩和对于抢注商标的否定性评价两种法律制度的关键。在后注册商标申请人主观上明显存有恶意，应考虑对其抢注商标滥用权利行为给予否定性评价，而非适用"商标在先使用抗辩"制度对在先使用人施以"原使用范围""附加适当区别标识"等限制后对先后二者的行为均予以肯定，避免了适用"商标在先使用抗辩"制度放任有恶意的在后注册商标申请人的问题。裁判作出之后，在《中国知识产权报》上宣传报道，获得良好的法律效果和社会效果。

编写人：朱文彬

68. 三某株式会社诉无锡三某公司、三某江苏公司、东某电器店侵害商标权及不正当竞争纠纷案

（一）案情

三某株式会社诉称，其是第1×××××号"三菱"商标的商标权人，该商标具有极高的知名度，"三菱"品牌历史悠久，享誉全球。无锡三某公司、三某江苏公司、东某电器店在冰箱、热水器商品上使用的商标存在侵害三某株式会社上述商标权的行为，请求法院判令：1. 无锡三某公司、三某江苏公司立即停止在企业名称中使用"三菱日机"字号，并立即变更企业名称，变更后的企业名称中不得含有"三菱"文字；2. 无锡三某公司、三某江苏公司立即停止使用"三菱"商标，东某电器店立即停止在交易文书中使用"三菱"商标的行为，并立即停止销售无锡三某公司、三某江苏公司生产的带有"三菱"商标或字号的商品；3. 无锡三某公司、三某江苏公司立即停止虚假宣传的不正当竞争行为；4. 无锡三某公司、三某江苏公司在《无锡日报》刊载声明消除因其侵权行为所造成的不良影响；5. 无锡三某公司、三某江苏公司就上述商标侵权行为和不正当竞争行为向三某株式会社连带赔偿损失400万元及合理维权费用30万元；6. 无锡三某公司、三某江苏公司、东某电器店承担本案诉讼费。

（二）裁判

广州知识产权法院认为，权利人在同种或类似商品上已享有注册商标权，仍然可以选择其在不同种不相类似的商品上所注册的商标作为权利基础主张认定驰定商标请求进行跨类保护；虽然被告的经营范围中包含与涉案商标核定使用商品及服务不相同不相类似的商品、服务，但权利人没有证据证明被告在这些商品或服务范围内进行实际经营，仅因被告的企业登记经营范围含有与涉案

商标核定使用商品及服务不相同不类似的范围，不能直接作为认定驰名商标的必要事由。故对于三某株式会社主张无锡三某公司存在许可广东光某公司使用"三菱"商标的侵害商标权行为不予支持，对于第1×××××号"三菱"注册商标是否驰名在本案侵害商标权纠纷中不予认定，无锡三某公司、三某江苏公司承担停止使用包含"三菱"字号的企业名称，并将企业名称变更为不得含有"三菱"文字的企业名称的民事责任，认定无锡三某公司、三某江苏公司存在虚假宣传行为，酌定无锡三某公司和三某江苏公司应向三某株式会社连带赔偿经济损失及合理开支共280万元。

（三）意义

本案主要涉及驰名商标认定及侵害商标权、仿冒混淆不正当竞争、虚假宣传纠纷。原告在日本和我国同时提起了针对关联被告的知识产权民事诉讼，由于案件所涉的事实互为交织，考虑到裁判结果具有较大的社会影响，同时应当兼顾商标权和不正当竞争的地域性原理以及避免不同法域的司法认定所涉关联事实存在明显矛盾冲突等问题，因此一审法院在审理本案时对于日本东京地方法院的案件审理进程和裁判结果密切关注，一审裁判结果所涉两案关联事实的认定亦未与日本东京地方法院的生效判决产生冲突，体现了广州知识产权法院知识产权审判能力现代化与国际化的双重面向，是广州知识产权法院作为知识产权民事诉讼优选地的鲜活案例。

编写人：朱文彬

反垄断和反不正当竞争案例

69. 机动车检测协会诉某省市监局
反垄断行政处罚纠纷案

（一）案情

某市物价部门对当地机动车检测收费的管理分为两个阶段：2015年3月1日至2018年5月1日采取行政指导模式，要求经营者各车型检测收费不得高于行政指导价；2018年5月1日之后取消行政指导，由经营者自主定价收费。

惠州市机动车检测行业协会（以下简称机动车检测协会）成立于2017年9月18日，共有会员单位35家，核心领导3人均为业内资深从业人员。机动车检测协会分阶段组织实施了以下行为：1. 2018年之前，制订《工作方案》，罗列了几种变相减价的"恶性竞争"行为，要求会员单位遵守物价部门规定的收费标准，不得随意降价或减免检测费，已推出的各类优惠活动立即全部下架等，之后通过《公约》，以行业自律之名要求全体会员严格执行《工作方案》。2. 2018年之后，获知2018年5月前后物价部门将不再对检测收费进行指导（即不再设定收费上限），完全交由市场调节，机动车检测协会核心领导即多次倡导并讨论如何调整收费，最终组织会员单位实施其拟定的调价方案。自2018年6月4日起，协会31家会员单位执行新的收费标准，调整后的收费标准几乎完全相同。

因集体同步统一涨价且涨价幅度较大，此事引发当地热议和媒体关注。2018年6月，某省市监局收到机动车检测协会协同、串通涨价的线索，开展反垄断调查后，认为机动车检测协会排除、限制竞争，制定机动车检测费统一收费标准及涨价实施时间，组织会员单位达成并实施垄断协议，于2020年5月6日作出被诉行政决定，决定对机动车检测协会处以罚款40万元。机动车检测协会不服，诉至广州知识产权法院，诉请撤销某省市监局被诉行政决定。

（二）裁判

广州知识产权法院认为，机动车检测服务市场具有本土性特征，区域封闭性较强。机动车检测协会在本区域市场有引领地位，其涉案行为排除、限制了竞争，触犯了我国《反垄断法》的规定，其诉请撤销被诉行政决定不能成立。2021 年 8 月 10 日，广州知识产权法院判决驳回机动车检测协会的诉讼请求。判后，双方当事人均没有提起上诉，判决已发生法律效力。

（三）意义

行业垄断行为往往具有隐蔽性。判定被诉行为是否属于法律所禁止的"垄断"行为，需首先从行业特性界定和理解市场，再分析表象之下行为人的动因，从市场发展态势等综合评定被诉行为是否会导致排除、限制竞争，会否阻碍市场的健康发展。回顾本案，机动车检测协会的行为貌似都有正当理由，但实质上是利用其在本区域市场的引领地位，以协同统一价格的方式阻碍了区域市场内的竞争，限制了经营者自主经营权的充分行使，损害了消费者利益和社会公共利益，不利于经济高效运行和社会主义市场经济健康发展，有违我国《反垄断法》鼓励公平竞争、促进社会经济健康发展的核心理念。

本案分析了机动车检测协会通过集体决策实施垄断行为的本质，对于规范行业协会加强自律、引导其防范垄断风险具有积极意义。本案入选 2021 年度人民法院反垄断十大典型案例、2021 年度广东法院知识产权司法保护十大案件，获评 2021 年全国法院技术类知识产权和垄断案件优秀裁判文书二等奖。

编写人：郭小玲

70. 长某公司诉某省市监局
反垄断行政处罚纠纷案

（一）案情

原告长某公司不服被告某省市监局作出的行政处罚决定，向广州知识产权法院提起行政诉讼。在该案中，某省市监局认定长某公司与其他18家企业达成并实施了"固定或者变更商品价格"的口头垄断协议，并处以2016年度销售额25495918.79元1%的罚款，计254959.19元。长某公司起诉认为某省市监局认定长某公司构成"固定或变更商品的价格"垄断协议的证据不足。

（二）裁判

广州知识产权法院认为，涉案19家混凝土企业均系从事预拌混凝土生产和销售的经营者，且其产品主要在同一区域销售，彼此之间具有竞争关系，属于《反垄断法》中的具有竞争关系的经营者。证据显示，包括长某公司在内的19家混凝土企业自发组成"某市混凝土交流会"多次组织会员进行研究、讨论统一涨价事宜，促使具有竞争关系的会员达成变更和固定以不同标号水泥价格的协议，使本应存在的价格差别趋于一致，并呼吁其成员共同遵守调价约定及协同拒绝向部分工地供货，客观上产生了排除、限制竞争的效果。广州知识产权法院依法驳回长某公司的诉讼请求。双方当事人均没有提起上诉，判决已发生法律效力。

（三）意义

如何依法确认横向垄断协议的存在是审判难点之一。在具有竞争关系的经营者之间存在意思联络或信息交流，且在意思联络或信息交流之后采取了一致性市场行为的情况下，除非经营者能够合理说明并提供证据证明该行为系其根据市场和竞争状况独立作出的市场行为，包括跟随、仿效其他竞争者而采取的相同市场行为，或者符合《反垄断法》（2008年）第15条规定的豁免事由，原则上即可以认定经营者以协同行为的方式达成并实施了横向垄断协议。"其他协同行为"属于横向垄断协议的一种表现形式，因其不直接体现为明确的协议或决定，具有较强的隐蔽性，在行政主管和司法认定上存在难度。本案明确了一致性市场行为和信息交流两个因素可以证明存在"其他协同行为"，然后由经营者对其行为一致性做出合理解释。该认定方式有助于厘清法律规范的具体适用，合理分配当事人的举证责任。

"加强反垄断和反不正当竞争，依法规范和引导资本健康发展"是党的二十大报告中提出的具体要求。本案依法认定长某公司与其他18家企业以协同行为的方式达成并实施了横向垄断协议，客观上产生了排除、限制竞争的效果，依法驳回长某公司的诉讼请求，彰显了人民法院严格规制垄断协议，切实维护市场竞争活力，鼓励企业创新的积极作用。

编写人：刘　宏　王厚权

71. 震某公司诉高某公司
横向垄断协议纠纷案

（一）案情

2011 年至今，高某公司与麦当劳、肯德基、汉堡王、艾德熊、吉野家等商户之间进行询价、签订相关的协议以及产生相应订单。震某公司与高某公司是合作多年的商业伙伴，震某公司受高某公司的委托，代加工制作广告灯箱设备。双方在 2016 年和 2018 年签订了两份涉案《保密协议》以及在 2017 年签订了《制造和供应协议》，其中，在 2016 年和 2018 年两份涉案《保密协议》中第 13 条约定的"震某公司不会（无论是直接或间接）自行或代表其他人士或实体：……（b）从高某公司的任何顾客或客户招揽或试图招揽业务（与高某公司日常提供的货物及服务种类无关的业务除外）"以及 2017 年签订的《制造和供应协议》约定了第 20 条"不竞争条款"、第 21 条"于本协议有效期内至此后十（10）年期间，任一方均不得直接或间接招揽、拉拢或带走或试图招揽、拉拢或带走对方的业务、客户或商户"等内容。2020 年，震某公司以上述两份协议中约定的不竞争条款构成分割销售市场的横向垄断协议、格式合同等请求认定协议无效为由诉至广州知识产权法院。

（二）裁判

广州知识产权法院认为，在反垄断审查中，应当根据协议主体是否位于商业活动链条的同一经济层面或商业环节来区分诉争的协议属于横向协议还是纵向协议，如果协议主体位于同一经济层面或同一商业环节，则认为协议主体之间具有横向关系；如果协议主体位于商业活动链条的不同层面或环节，则认为协议主体之间具有纵向关系。原告与被告在上述协议中所存在的是供应商与买家之间上下游的纵向关系而非横向关系，遂驳回原告全部诉讼请求。

（三）意义

垄断案件专业性强，民事诉讼的原告和行政诉讼的行政相对人胜诉率相对较低。在广州知识产权法院 2022 年之前已审结的 29 件垄断案件中，14 件行政案件一审判决均认定构成垄断协议，行政机关的行政处罚决定正确，驳回原告的诉讼请求；但是，15 件民事案件的一审裁判中，除了部分准许原告撤回起诉以及（2015）粤知法商民初字第 24 号案认定被告构成不正当竞争之外，其他案件均未支持原告主张的垄断诉讼请求，作出驳回起诉或驳回诉讼请求的裁判。究其原因，不仅是反垄断纠纷的专业性强导致民事诉讼的原告举证较为困难，原告的证据不足以证明垄断行为构成的事实；也存在不少民事诉讼的原告和行政诉讼中的行政相对人对于反垄断法的认识和理解过于粗疏，原告提起诉讼存在一定的随意性，导致垄断诉讼的案件中存在明显法律关系理解不当的情形。本案是不竞争条款引发的横向垄断协议纠纷，为广州知识产权法院成立以来针对横向垄断协议民事纠纷作出实体民事判决的首案，涉及垄断协议横向与纵向关系标准区分的认定问题。本案一审判决后双方均服判息诉，对于日后类似案件的处理有示范意义，《中国知识产权报》于 2022 年 2 月进行了宣传报道。

编写人：朱文彬

72. 诺某公司诉其某公司、广州诺某公司、邸某北侵害商标权及不正当竞争纠纷案

（一）案情

丹麦诺某公司在中国注册第7××××8号诺和诺德、第G7××××7A、第8×××××8号、第7××××2号"NOVO NORDISK"商标，核定使用于第5类"治疗糖尿病用医药制剂"等商品上。丹麦诺某公司授权原告诺某公司在中国唯一使用上述商标。

被告其某公司于2012年注册第9×××××8号"诺和诺德"、第9×××××9号"novo nordisk"商标，均核定使用于第25类"服装；鞋（脚上的穿着物）"等商品上。其某公司的法定代表人被告邸某北在香港地区注册成立诺某香港公司，在网站上进行"糖尿病足保健鞋"的产品宣传，部分宣传内容与诺某公司官网宣传内容相同。邸某北还到广州租赁厂房、申请成立被告广州诺某公司；其某公司在相关糖尿病学术会议、医疗机构等场所许诺销售"novo nordisk 诺和诺德""novo nordisk"标识的鞋品，产品宣传册及开办的网站宣称该鞋品为"糖尿病专用护足鞋"，并显示"诺某（香港）公司""广州诺某公司"等生产工厂或中国运营中心及其联系方式等信息。

诺某公司据上诉请判令其某公司、广州诺某公司、邸某北：停止生产、销售含有"诺和诺德""novo nordisk"标识的糖尿病足保健鞋等商品；广州诺某公司变更企业名称；停止虚假宣传行为；连带赔偿其经济损失及合理支出300万元等。

（二）裁判

广州知识产权法院于2017年12月15日作出一审判决：1. 其某公司、广州诺某公司、邸某北停止生产、销售含有"诺和诺德""novo nordisk"标识的相关糖尿病足保健鞋的商品；2. 广州诺某公司变更企业名称，变更后的企业名

称不得含有"诺和"或者与"诺和诺德"相同或近似文字；3. 其某公司、广州诺某公司、邸某北在中国大陆境内停止在相关糖尿病足保健用鞋的商品及宣传中使用"诺某香港公司"的企业名称或者其简称"诺某（香港）"；4. 邸某北停止在域名 www.jkxyungou.com 上进行虚假宣传行为；5. 其某公司、广州诺某公司、邸某北连带赔偿诺某公司经济损失含合理费用共计 120 万元；6. 驳回诺某公司其他诉讼请求。其某公司、邸某北提出上诉，广东省高级人民法院于 2019 年 3 月 11 日作出二审判决：驳回上诉，维持原判。

（三）意义

本案涉及注册商标之间的权利冲突、类似商品的判定标准、驰名商标认定、企业名称与注册商标的权利冲突、中国境外侵权行为涉及境内如何处理、公司法人能否与公司承担连带责任等多重复杂的法律关系和事实认定问题。一、二审判决对这些问题一一作出回应，从多方面对被诉侵权行为及后果进行具有说服力的论证和分析，对恶意攀附他人商誉、侵犯他人在先权利、扰乱正常市场秩序的行为予以谴责，判决和维持了 120 万元的高额赔偿。该案裁判不仅对审理类似案件具有借鉴价值，在引导社会公众尊重知识产权方面，也具有示范意义。丹麦诺某公司及其在华设立的独资公司盛赞广东法院"公正保护知识产权，促进经济健康发展"。近年来，越来越多的中外当事人把广东法院作为知识产权诉讼管辖的优选地。本案管辖法院有多个连接点，诺某公司选择非主要侵权地作为一审案件管辖法院，也表明社会公众对广东法院公正审理知识产权案件的信心和信任。

编写人：程方伟

73. 蓝某公司诉笛某公司、轩某公司不正当竞争纠纷案

（一）案情

蓝某公司起诉称，该司系专业生产家用液体洗涤产品的知名企业，生产的蓝某亮洗衣液在全国占有很大的市场份额，是蓝某亮深层洁净护理洗衣液、亮白增艳洗衣液包装瓶的外观设计专利权的独占许可使用人，目前在中国国内市场上合法使用这种包装瓶的洗衣液只有蓝某公司，该种包装瓶的洗衣液也作为蓝某洗衣液产品的代表之一被消费者所熟知。笛某公司和轩某公司在产品说明书和微信公众号等处将其产品与和蓝某公司的洗衣液产品外观形状相同的洗衣液包装瓶图案进行对比，称"传统洗衣液产品含磷，含荧光剂，强碱性，伤手、伤皮肤""含有荧光增白剂等有害化学成分"等，发布虚假广告、诋毁商业竞争对手。故请求法院判令笛某公司和轩某公司立即停止不正当竞争行为并赔偿蓝某公司经济损失 500 万元及维权合理开支等。

（二）裁判

广东省广州市白云区人民法院一审认定笛某公司、轩某公司在"泉某方"洗衣片产品的宣传页上发布的广告，以及笛某公司在涉案微信公众号、官方微博、腾讯视频上发布的"泉某方"洗衣片产品广告均属于不正当竞争行为，笛某公司和轩某公司应当停止侵权行为并分别赔偿蓝某公司 320000 元、30000 元。蓝某公司和笛某公司均不服一审判决，向广州知识产权法院提起上诉。广州知识产权法院二审认为，被诉行为发生时笛某公司和轩某公司的股东和法定代表人一致，笛某公司网站宣传内容显示同时与轩某公司和笛某公司存在关联，轩某公司经营的微信公众号与笛某公司的微博名称也存在多处重合，且两公司销售的涉案产品一致，故认定笛某公司和轩某公司共同实

施了涉案商业诋毁的不正当竞争行为；结合笛某公司和轩某公司的经营规模、注册资本、不正当竞争行为的方式、性质、持续时间、主观恶意程度以及必要的合理开支等因素，酌情认定笛某公司和轩某公司应向蓝某公司连带赔偿经济损失及合理开支 200 万元。

（三）意义

本案涉及商业诋毁行为的指向性、商业诋毁的具体方式、共同实施商业诋毁行为等问题的认定，商业诋毁不正当竞争纠纷属于较为少见的案件类型。广州知识产权法院根据被告"以竞争对手洗衣产品具有致病致癌危害性进行对比宣传"的主观恶意因素，以及对消费者的购买选择所造成的重大影响，在酌定赔偿时除根据补偿性原则外还从惩罚性的角度予以考虑，二审改判大幅提高了赔偿数额，体现了反不正当竞争法对于经营者权益和消费者权益的保护力度，符合我国建立知识产权侵权惩罚性赔偿制度的价值目标。

编写人：朱文彬

74. 抖某公司诉今某公司等侵害商标权及不正当竞争纠纷案

（一）案情

原告抖某公司系**今日头条**、**头条**、**头条**、**今日头条**四个注册商标的专用权人，上述商标分别使用在第9类及第38类"计算机软件"等商品、服务上。抖某公司诉称，其持续对上述商标进行宣传，在计算机程序等商品服务的相关公众中已享有较高的知名度，构成驰名商标。被告今某公司、赵某东、烧某公司开设早餐店售卖油条等食品，在餐馆招牌、菜单、食品包装、装潢、网站及展览会等多处使用██、**今日油条**标识，以及引人误认的广告语、宣传材料、海报，构成侵害其驰名商标的行为及不正当竞争，应以加盟费、品牌保证金总额及直营店净利润为依据计算侵权获利，并适用5倍惩罚性赔偿。请求判令今某公司等停止侵权、消除影响并赔偿抖某公司经济损失及诉讼合理支出共计200万元。

（二）裁判

广州知识产权法院认为，今某公司等在制售油条等食品以及在宣传加盟项目过程中使用被诉标识，可以产生识别商品或服务来源的作用，属于商标性使用行为。被诉标识使用的商品类别与涉案注册商标核定使用类别既不相同也不类似，在文字、含义、颜色等构成要素上亦不相同或近似，相关公众施以一般注意力易于区分，不能证明今某公司等使用被诉标识的行为构成混淆。涉案注册商标的文字"头条""今日头条"属于常用词汇，使用在新闻资讯领域固有显著性较弱，被诉标识与涉案注册商标分别使用在完全不同的市场，双方在该市场上没有直接或间接的竞争关系，今某公司等未对驰名商标造成弱化、贬损或丑化，亦未存在不正当利用驰名商标市场声誉的情形。故即使涉案注册商标中的部分商标可以认定为驰名商标，今某公司等亦不构成对驰名商标的侵害。

今某公司使用的企业字号与抖某公司区别明显，其在微信公众号等使用的被诉标识与抖某公司手机 App 的运行界面不构成相同或近似，二者的广告语及海报存在差异，故今某公司等的行为亦未构成不正当竞争。广州知识产权法院判决驳回抖某公司的诉讼请求。抖某公司不服提起上诉，后又申请撤回上诉，广东省高级人民法院二审裁定准许抖某公司撤回上诉，一审判决发生法律效力。

（三）意义

本案涉及"今日头条"等知名商标认驰问题，且原告系国内知名自媒体公司，自立案起即引起社会广泛讨论及高度关注。本案判决指出，对于驰名商标的特殊保护，应当基于利益平衡原则合理划定保护界限，既要防止对自由表达、适度模仿的过度限制，更要避免对市场自由和公平竞争空间的随意挤压。本案对驰名商标淡化构成的认定标准进行了明确，对"显著性"判断、"相关公众"内涵以及淡化行为具体类型等重点问题的考量因素及定性进行了详细阐述，为类案处理提供了具体思路。本案裁判结果准确把握了加强知识产权保护与防止权利滥用限制竞争之间的利益平衡，对营造公平竞争的市场环境产生了积极影响，对于如何理解商标侵权与自由竞争的法律界限、明确合理借鉴与市场混淆的区别、鼓励商业创新和保障竞争秩序，具有十分重要的意义。本案被广东省高级人民法院《裁判者说》选用，并受到《法人》杂志、《中国知识产权报》等全国主流媒体正面报道。被评为"2023 年中国十大最具研究价值知识产权裁判案例""广州市 2023 年度十大知识产权保护典型案例"。

编写人：韦晓云　林新宇

75.欧某公司诉施某公司侵害商标权及不正当竞争纠纷案

（一）案情

欧某公司是第 3214×××号商标和第 G663×××号商标在中国的排他被许可人，商标核定使用在第 9 类"避雷器"以及第 6 类"避雷装置元件"等产品上。欧某公司发现，施某公司在鹤山市文化中心的项目中使用了并非欧某公司销售的品牌产品。经调查得知相关产品系施某公司从新加坡进口并在国内销售，但施某公司未对产品标识、包装等进行任何变造。欧某公司主张，施某公司的行为侵害其注册商标专用权及构成不正当竞争，遂诉至法院，请求判令施某公司停止销售侵权行为，并赔偿损失。

（二）裁判

广州市南沙区人民法院一审认定，施某公司提交的证据足以证实涉案产品的来源且为正品，不构成商标及不正当竞争侵权，判决驳回欧某公司的全部诉讼请求。广州知识产权法院二审认为，被诉侵权产品来源清晰、合法，商标标识完整，产品质量、性状未经变造，系平行进口产品。施某公司未经商标权人直接授权，进口、销售由商标权人制造并投放市场的产品，实施了平行进口行为。但施某公司平行进口行为仅改变产品销售渠道而未对产品标识、包装进行改动，未割裂产品与商标权人之间的固有联系，不损害商标识别功能。施某公司寻求低价产品降低经营成本、追求商业利润的行为不具有反不正当竞争法上的可责性，行为过程未违反诚实信用原则和公认商业道德，不构成不正当竞争。2020 年 5 月 6 日，广州知识产权法院判决驳回上诉，维持原判。

（三）意义

本案是广东首例涉及典型平行进口产品的知识产权侵权纠纷，亦是广东法院首次对平行进口商标及不正当竞争侵权定性问题进行明确回应，裁判结果获得社会各界高度关注和充分肯定。本案判决在依法合理平衡权利人、被许可人合法权益及社会公共利益的基础上，对平行进口产品的认定、商标侵权构成要件及反不正当竞争法一般条款适用等问题进行了深入分析，归纳平行进口知识产权侵权裁判规则，明晰平行进口知识产权纠纷裁判思路。本案判决说理充分、论述深刻、逻辑严谨，较好地展现了人民法院处理知识产权复杂疑难案件的司法智慧和司法能力。本案对推动平行进口知识产权纠纷的整体解决、确立具有统一性和协调性的裁判思路和法律适用规则、回应相关行业和社会公众司法期待具有标杆性意义。

编写人：石静涵

76. 燕某公司诉风某公司
不正当竞争纠纷案

（一）案情

2008 年 5 月 6 日、7 月 8 日，原告燕某公司纯牛奶 250 毫升及原味酸奶饮品 250 毫升盒装产品标识先后经广州市质量技术监督管理局准予登记备案，所附包装纸样式显示的包装装潢与前述两种涉案装潢基本一致。早在 2010 年 9 月燕某公司就在报纸广告上使用涉案包装装潢。2013 年至 2016 年，燕某公司通过大量广告宣传使用了两种涉案包装装潢的产品。被告风某公司在纯牛奶、原味酸奶饮品上使用的被诉侵权装潢与燕某公司涉案装潢基本一致。燕某公司认为风某公司是与燕某公司有直接竞争关系的广东本地乳制品企业，其未经燕某公司许可，擅自在其生产、销售的风行乳品上使用与燕某公司包装装潢相近似的包装装潢，使消费者产生混淆误认，构成不正当竞争，故诉至法院请求判令风某公司停止侵权，赔偿经济损失及合理开支 120 万元等。

（二）裁判

广东省广州市天河区人民法院一审认为风某公司构成不正当竞争，判决风某公司停止不正当竞争行为、消除影响，并赔偿燕某公司经济损失及合理开支共计 60 万元。广州知识产权法院二审认为，燕某公司所提交的证据能够证明包括纯牛奶、原味酸奶饮品在内的牛奶产品在全国范围内具有一定的市场知名度和影响力。涉案商品装潢具有可识别性，风某公司未经许可，在同类商品上擅自使用与涉案商品装潢相近似的装潢，不正当篡夺了燕某公司的市场份额获取非法利益，在市场经营中具有非正当性，侵害了燕某公司的正当权益，损害了消费者的合法权利，构成不正当竞争行为。由于双方的经营范围非常近似，生产销售相同或者近似产品，属于同业竞争，风某公司在使用商品装潢时，应当对在先使用并且具有较高知名度的商业标识具有合理的避让义务，但风某公司在主观上存在攀附故意，有违诚信原则，构成不正当竞争。2019 年 7 月 8 日，广州知识产权法院判决驳回上诉，维持原判。

（三）意义

本案系涉及有一定影响的装潢保护的典型案例，涉及的主体均为广东省知名乳制品生产企业，社会关注度较高。广州知识产权法院在审理过程中准确理解和适用《反不正当竞争法》第 6 条第 1 项，阐明擅自使用有一定影响的装潢构成不正当竞争的审理思路，为审理同类型案件提供了参考。本案被诉侵权商品为奶制品，属于关乎健康的民生领域，生效判决有力规制恶意攀附他人商誉的不正当竞争行为，充分保护了权利人的品牌商誉，保障了市场公平竞争，维护了市场经营秩序，维护了消费者的合法权益。

编写人：蒋华胜　杨　博

77. 衍某集团诉王某公司
不正当竞争纠纷案

（一）案情

衍某小儿七星茶系衍某集团经营销售的产品。2015 年 9 月起，王某公司多次以衍某小儿七星茶擅自使用药品名称命名生产食品为由，向食品药品监督管理部门进行投诉举报。食品药品监督管理部门认为，投诉举报理由不成立，均不予以立案。衍某集团主张，王某公司先后至少三次就相同事由重复举报，符合商业诋毁的客观表现方式，其行为已超出合理使用权利的范畴；同时，王某公司官网部分产品的描述涉嫌虚假宣传。遂诉至法院，请求确认王某公司构成不正当竞争行为，判令王某公司停止不正当竞争行为、登报道歉，并赔偿损失200 万元等。

（二）裁判

广州市白云区人民法院一审认定，王某公司不构成商业诋毁，且王某公司与衍某不存在竞争关系，虽宣传内容有一定的夸大成分，但不构成虚假宣传，故判决驳回衍某集团的全部诉讼请求。广州知识产权法院二审认为，王某公司就其认为的违规行为向行政监管部门进行投诉，系其行使自身监督权力的正当行为，并未违反法律规定，王某公司投诉次数多少亦与是否构成虚假投诉无必然联系，不能证明王某公司存在虚假投诉的行为或故意对衍某集团进行诋毁的行为。王某公司与衍某集团系同行业经营者，在市场中存在直接的竞争关系，虽然王某公司在相关商品上使用的宣传用语有不准确或者夸大之处，但不足以导致欺骗、误导消费者的后果。2020 年 1 月 21 日，广州知识产权法院判决驳回上诉，维持原判。

（三）意义

本案判决审慎划定行政投诉和商业诋毁的边界，依法明确《反不正当竞争法》中规定的竞争关系的认定标准，并在紧扣《反不正当竞争法》立法宗旨的基础上，准确界定了广告夸大效应和虚假宣传行为的差别，对于规范市场竞争秩序有积极的导向作用。行政投诉系包括消费者、经营者在内的多种市场主体对市场经营行为合法性的重要监督手段，对于维护消费者正当利益和市场经营秩序有着不可替代的重要作用。存在竞争关系的同业经营者，作为具有行政投诉权的主体，当然对竞争对手的经营活动享有监督和投诉的权利，但由于身份的敏感性，其投诉行为有可能夹杂商业目的，从而与商业诋毁行为难以区分，本案从商业诋毁行为的立法本意出发，通过考量投诉者的主观意图、行为方式和行为后果等因素，对其投诉行为的正当性进行评判。此外，本案还厘清了市场竞争关系的判断原则，对虚假宣传行为进行了较为准确的界定。

编写人：石静涵

商业秘密案例

>>>>>>>>

78. 天某公司诉纽某公司等 侵害技术秘密纠纷案

（一）案情

天某公司长期从事卡波产品研发，该产品的配方、工艺等构成技术秘密。2014 年 5 月，天某公司发现纽某公司未经许可使用其技术秘密，遂向公安机关举报。根据关联刑事案件查明，华某作为天某公司的卡波研发负责人，将其掌握的技术秘密披露给纽某公司使用，刘某与华某合谋窃取了天某公司的技术秘密，天某公司据此主张上述三被告共同侵害其技术秘密；并主张胡某春、朱某良、吴某金、彭某为涉案侵权行为提供帮助，构成共同侵权。天某公司遂诉至法院，请求判令纽某公司等 7 被告立即停止侵权、登报赔礼道歉，并承担惩罚性赔偿 7000 万元等。诉讼中，法院依法责令纽某公司提供被诉产品获利数据以及相应财务账册和原始凭证，但纽某公司拒绝提交。

（二）裁判

广州知识产权法院一审认定，天某公司的卡波工艺等构成技术秘密，纽某公司等 5 被告侵害了该技术秘密，并构成共同侵权。关于赔偿方面，法院依法责令纽某公司提供被诉产品获利数据以及相应财务账册和原始凭证，但纽某公司拒绝提交。另纽某公司提交的自编财务报表显示，其营业收入达 3700 多万元。以 3700 多万元乘以利润率 32%，计得赔偿基数为 1200 万元，故在考虑纽某公司以侵权为业并存在无正当理由拒不全面提交获利数据和原始凭证、构成举证妨碍等侵权故意和情节的情形下，适用 2.5 倍的惩罚性赔偿，判赔 3000 万元及合理开支 40 万元。最高人民法院二审认为，在计算侵权损害赔偿额时，应考虑涉案技术秘密在侵权产品生产中所占技术比重及其对销售利润的贡献；对长期恶意从事侵权活动之人应从重处理，故对赔偿基数进行调整后适用 5 倍惩罚性赔偿。2020年11月24日，最高人民法院判决维持赔偿3000万元及合理开支40万元，并对部分被告连带责任部分数额进行调整。

（三）意义

本案为最高人民法院第39批指导性案例，系广州知识产权法院首例适用惩罚性赔偿的技术秘密案件，本案二审亦系最高人民法院首例适用惩罚性赔偿的知识产权侵权案件。本案入选最高人民法院发布的"人民法院充分发挥审判职能作用保护产权和企业家合法权益典型案例（第三批）""最高人民法院侵害知识产权民事案件适用惩罚性赔偿典型案例""最高人民法院知识产权法庭2020年十大技术类知识产权典型案例""最高人民法院知识产权法庭成立五周年十大影响力案件"等。本案判决通过适用举证妨碍制度，首次尝试在部分侵权获利数据明确的基础上，以该部分获利作为惩罚性赔偿计算的基数，为惩罚性赔偿适用中基数确定提供更多可能。该做法被纳入2021年最高人民法院发布的知识产权惩罚性赔偿司法解释中。本案裁判通过适用惩罚性赔偿制度，彰显严厉打击恶意侵权行为的司法态度，明确传递加强知识产权司法保护力度的强烈信号，也充分体现广州知识产权法院在知识产权审判上的前瞻与务实。

编写人：龚麒天　广东省高级人民法院民事审判第三庭副庭长
　　　　　　　广州知识产权法院原法官
　　　　杨春莲

79. 大某学校诉吴某、翁某伟、陈某明等侵害商业秘密纠纷案

（一）案情

大某学校经营心理咨询师考证培训等业务，吴某、翁某伟、陈某明均曾是大某学校的员工，三人入职大某学校时均签订《保密协议》。菲某公司成立于2019年1月16日，主营业务为教师资格证培训等，与大某学校提供同类服务。菲某公司成立时的股东为吴某和翁某伟，吴某为该司法定代表人。大某学校主张吴某、翁某伟、陈某明非法获取并使用大某学校的客户信息，侵害大某学校的商业秘密。大某学校诉至法院，请求判令吴某、翁某伟、陈某明、菲某公司立即停止侵犯大某学校商业秘密的行为，并赔偿大某学校经济损失20万元。

（二）裁判

广东省广州市天河区人民法院一审认定，大某学校主张的客户资料属于反不正当竞争法保护的商业秘密。吴某、翁某伟、陈某明使用大某学校客户资料的行为均已侵犯大某学校的商业秘密，遂判令吴某、翁某伟、陈某明共同赔偿大某学校经济损失20万元。广州知识产权法院二审认为，学员的名称、联系方式以及经发展取得的学员交易意向等均属于深度交易信息，具有一定商业价值，属于大某学校的经营秘密。陈某明通过工作微信将学员姓名与手机号发送给翁某伟，且二人的微信记录表明翁某伟已实际开展经营业务，吴某在离职前未经允许而带走大某学校包含商业秘密的工作资料，涉案被诉行为存在明显的主观恶意，均构成对大某学校商业秘密的侵害。由于侵害商业秘密的行为给权利人带来的损失不易精确计算，开发客户名单需要投入成本、与客户维持交易关系也能够带来经济收益，可结合商业秘密的性质、商业价值、研究开发成

本、创新程度、能带来的竞争优势以及侵权人的主观过错、侵权行为的性质、情节、后果等因素确定赔偿责任。2022年4月28日，广州知识产权法院作出判决，驳回上诉，维持原判。

（三）意义

在现代经营模式中，商业秘密是企业核心竞争力的重要体现之一。商业秘密的开发成本及其市场价值往往难以确定和量化，本案探索解决商业秘密类案件的赔偿难问题，认定商业秘密的市场价值与商业秘密侵权赔偿责任具有正相关性，结合商业秘密的性质、开发成本及其带来的竞争优势、侵权行为的性质、情节以及主观过错等因素确定侵害商业秘密行为的赔偿责任。本案加大了对侵害商业秘密类不正当竞争行为的打击力度以促进诚信经营，彰显了法院保护现代企业核心价值、护航优化营商环境的决心。

编写人：黄彩丽

80. 丰某公司诉何某强侵害
技术秘密纠纷案

（一）案情

原告丰某公司系专业从事锂离子电池研发、生产和销售的股份制高新技术企业，其产品销往全球各地。丰某公司诉称被告何某强系其前员工，何某强违反公司保密规定，在上班期间偷拍丰某公司配膏、涂布等核心工序相关技术秘密，并通过手机微信发送给案外人，侵犯了其技术秘密，请求判令何某强赔偿经济损失 500 万元。

（二）裁判

广州知识产权法院认为，丰某公司主张的《配膏检查表（负极油性配膏）》等 11 个技术信息满足秘密性、价值性和保密性的构成要件，属于技术秘密。何某强违反公司保密规定擅自拍摄并向他人发送包含涉案技术秘密的照片，构成侵害丰某公司技术秘密的行为。鉴于双方均无法提交证据证实丰某公司因侵权所受损失或何某强因侵权所获利益，综合考虑涉案技术秘密属于该高新技术企业的核心技术秘密、技术秘密的资产评估价值、历史研发成本、侵权人的主观恶意、情节、行为性质，权利人为制止本案侵权行为支付的鉴定费、评估费及律师费等各项因素，广州知识产权法院酌情确定本案赔偿数额，判令何某强赔偿丰某公司含合理开支在内的经济损失 30 万元，双方当事人均服判息诉，一审判决已发生法律效力。

（三）意义

商业秘密案件具有证据认定标准高、专业性强的特点，其中企业员工在任职期间或人才流动中违反保密协议或规定，利用职务之便泄露、披露企业商业秘密是引起本类纠纷的常见事由，对企业商业秘密的保护具有直接危害，应当引起重视并加强司法规制力度。因此，即使侵权人暂未造成权利人实际损害，亦未从中获取经济利益，但其披露行为仍损害了权利人商业秘密的秘密性及稳定性，有违诚信、存有过错，仍应承担相应赔偿责任。在确定赔偿数额时，应综合考虑技术秘密的类型、商业价值、研发成本、侵权人的主观恶意、情节、行为性质，以及权利人为制止本案侵权行为支付的合理费用等因素予以确定。本案的处理对企业员工恶意泄露企业商业秘密行为起到较好的震慑作用，对类案处理也具有参考价值，丰富了商业秘密侵权案件适用法定赔偿的标准考量。

编写人：韦晓云　林新宇

81. 格某公司诉韦某等侵害
技术秘密纠纷案

（一）案情

格某公司经营销售建筑材料、陶瓷制品等。韦某、邱某原是格某公司的工作人员，均与公司签署《员工保密协议》。锦某公司也经营销售建筑材料，在邱某从格某公司离职之后聘请邱某任职。格某公司称向客户购买建材图片，保存在企业电子邮箱中。格某公司发现韦某向离职的邱某发送的电子文件包含有其购买的建材图片。格某公司认为，其向客户购买的建材图片所显示颜色、图案、长宽大小尺寸属于技术秘密，韦某、邱某及锦某公司的行为侵犯了格某公司的技术秘密。

（二）裁判

广州知识产权法院认为，格某公司未能提供部分建材图片的交易记录。对于其他部分建材图片，虽然是格某公司通过正规交易渠道向供应商购买的，但没有证据显示这些图片是供应商为格某公司专门设计的，实际上这些图片已经处于可以从公开、正当渠道获得的状态，即任何愿意支付对价的第三方都可以获取这些图片。图片本身的长、宽、尺寸等信息，属于通过直接观察即可获得的内容，不包含任何技术手段，因此不属于技术秘密的保护对象。至于图片的颜色和图案信息，在进入交易市场后，公众无须通过创造性劳动，仅通过肉眼观察即可直接获取，这些信息不包含通过智力劳动获得的技术内容。2018年3月6日，广州知识产权法院判决驳回格某公司的诉讼请求。双方当事人均没有提起上诉，判决已发生法律效力。

（三）意义

本案的判决为技术秘密的构成条件和保护范围提供了清晰的界定，对企业在知识产权保护实践中具有指导意义。首先，确立所有权是技术秘密保护的基石。企业在寻求保护其商业秘密时，必须能够提供确凿的证据，证明其对所声称的商业秘密拥有合法的所有权。这通常涉及证明信息是如何通过创造、购买、许可或其他合法途径获得的。所有权的确立不仅为保护提供了法律基础，也是企业知识产权战略的重要组成部分。其次，技术秘密的保护要求信息必须"不为公众所知悉"。这意味着，只有那些不被公众普遍知晓且具有独特性的信息，才能被视为商业秘密，从而为企业带来竞争优势。在本案中，格某公司未能证明其购买的建材图片是供应商专为其定制的，因此，不能证明这些信息"不为公众所知悉"。法院进一步指出，即使某些信息在一定程度上不为公众所知悉，但如果这些信息不包含解决技术问题的技术手段，它们也不能被视为技术秘密。技术秘密必须是为了解决技术问题而通过智力劳动得到的设计、程序或工艺方法，必须包含技术手段或其组合。在本案中，格某公司声称其购买的建材图片所显示的颜色、图案、尺寸等属于技术秘密，但法院认为这些信息并不包含任何技术手段，也不能解决任何技术问题，因此不属于技术秘密的保护范畴。这一判决强调了技术秘密必须具有实质性的技术创新和实用性，而不仅仅是一些基本的、可以通过观察获得的信息。最后，企业应当考虑采取多种方式进行知识产权保护。在本案中，尽管格某公司未能获得商业秘密的保护，但是，企业可以通过主张享有著作权等方式来保护其知识产权。这意味着，即使某些信息不符合商业秘密的保护条件，企业仍然可以通过其他知识产权法律框架来寻求保护，如著作权法、商标法和专利法等。这一指导原则为企业提供了灵活性，使其能够根据信息的特点和保护需求，选择最合适的保护方式。

编写人：刘培英　游　彦

82. 蔡某涛诉亨某公司、皇某公司等侵害商业秘密纠纷案

（一）案情

原告蔡某涛曾于 2008 年起诉被告亨某公司、皇某公司侵害其商业秘密并得到法院判决支持。2014 年，蔡某涛再次起诉上述两公司侵害其商业秘密，认为在先判决已明确亨某公司、皇某公司以不正当竞争手段非法获取其磨牙棒生产技术（包括配方及工艺）用于生产磨牙棒的侵权事实，本案直接援用即可判定侵权。亨某公司辩称在先判决仅是对 2008 年己方是否侵权的认定，该判决并未涉及本案的被诉侵权事实，蔡某涛应当举证证明其声称的"磨牙棒的配方加工艺"符合商业秘密的法定条件，也应当举证证明涉案产品所使用的配方加工艺与其所声称的商业秘密相同或者实质相同。

（二）裁判

广东省广州市天河区人民法院以蔡某涛不同意鉴定、不同意提供样品，应承担举证不能法律后果为由驳回其诉请。广州知识产权法院二审认为，被诉侵权产品的生产技术与蔡某涛的商业秘密是否相同或实质性相同是本案应当查明的待证事实，对该事实蔡某涛负举证证明责任。本案蔡某涛不仅不提出鉴定申请，在亨某公司为反驳其主张、证明己方未侵权而提出鉴定申请并提供相关检材后，蔡某涛仍以执行生效裁判、对方已经自认侵权等为由拒绝鉴定、不同意提供样品，致使待证事实无法认定，一审法院据此驳回蔡某涛的诉讼请求，并无不当。遂于 2018 年 4 月 13 日判决：驳回上诉，维持原判。

（三）意义

本案是疑似持续侵权（指某产品被判定为侵权产品，后又发现被控侵权人

仍在继续生产、销售相同或类似产品，该产品的规格、形状等外部特征均未变化，但制造方法、工艺流程或产品结构、配方可能已经发生变化，比如涉及实用新型、发明专利、技术秘密等纠纷，该"疑似"的证实证伪问题尚未解决）状态下，前诉裁判对后诉裁判产生何种影响的典型案例。技术秘密的形成、积累以及运营和进一步研发，凝聚着技术人员和企业的大量投入，是企业的重要无形财产和核心竞争力，也是亟待司法严格保护的知识产权。在本案中，由于涉案技术的可持续创新性，作为"技术诀窍"的商业秘密，其技术方案并非一成不变，因此，即使前案判定相同当事人侵权也不能当然得出在后案中侵权的结论，主张权利者应按照"谁主张，谁举证"的民事诉讼规则，结合商业秘密的法律要件进行举证，如举证不能将承担不利的诉讼后果。其中蕴含的要义是，技术是不断进步的，司法规则要与此相适应，要充分释放技术进步空间、推动技术进步。本案当事人一方是台商，另一方是全球 500 强美国卡某公司在华的全资子公司。广州知识产权法院在审理过程中不因当事人的身份、背景有所偏重，而是根据案件事实、性质准确适用法律，审理中平等对待中外当事人，公正司法。本案判后亨某公司发来感谢信，盛赞广州知识产权法院"能坚持公平正义，排除各种干扰，依法依规审理案件，极大地保护了外商投资企业在中国经营的合法权益，为营造公平、有序的广州营商环境作出了不懈努力，也更加坚定了亨某在中国的投资和业务拓展"。

编写人：程方伟

83. 美某公司诉刘某、第三人志某公司侵害技术秘密纠纷案

（一）案情

刘某于 2009 年 12 月至 2012 年 11 月期间担任美某公司的技术人员，参与该公司 R410A 模块式数码多联机（ZA11-D184）项目的研发，双方签订了保密协议、竞业禁止协议。刘某与美某公司于 2012 年 11 月 5 日解除劳动关系后入职志某公司，担任研发中心性能工程师。2014 年 9 月，志某公司申请了名称为"一种风冷空调机系统及其控制方法"的发明专利，主要发明人为刘某。美某公司向法院起诉，认为刘某违反保密协议的约定擅自向志某公司披露该项技术秘密并允许其申请专利，导致该项技术秘密处于公知状态，给美某公司造成重大损失，请求判令刘某、第三人志某公司赔偿经济损失 480.72 万元以及鉴定费 113333 元。

（二）裁判

广州知识产权法院一审判决刘某向美某公司赔偿经济损失及合理开支合计 80 万元，驳回美某公司的其他诉讼请求。刘某不服一审判决，提起上诉。广东省高级人民法院生效判决认为：美某公司主张保护的涉案技术的秘密点 3 不为公众所知悉，属于技术秘密。与被诉发明专利申请的权利要求 8 进行比对，两者所解决的技术问题相同，都是如何实现对制冷系统压力的精确控制，两者的控制原理相同，控制逻辑的设置也基本相同，属于实质相同的技术。刘某违反与美某公司签订的保密协议，擅自在专利申请中披露、使用该公司的技术秘密，构成侵害技术秘密的行为，遂判决驳回上诉，维持原判。

（三）意义

本案的技术秘密纠纷涉及美某公司和志某公司两大空调厂商，具有较大的社会影响；所涉情形是被告将其曾在原告公司任职期间所掌握的技术秘密作为第三人发明专利进行申请，同时被告作为所申请的发明专利的发明人，这种涉及技术秘密权利人、发明专利申请人、发明人三者的侵害技术秘密纠纷较为少见，具有典型性和代表性。本案被告使用他人技术秘密申请发明专利，法院根据原告的主张确定技术秘密的秘密点，并根据双方当事人的举证情况，合理认定秘密点是否符合技术秘密的法定要件，再将秘密点技术特征与被诉发明专利权利要求书记载的相应技术特征进行比对，从而认定本案被告构成侵害技术秘密。在侵害技术秘密案件中，技术秘密非公知性的认定与侵权比对往往是案件审理的重点和难点，本案的审理思路与裁判规则对类案处理具有重要意义。本案被广东省高级人民法院评选为2022年全省保护商业秘密六件典型案例之一。

编写人：朱文彬

惩罚性赔偿案例

>>>>>>>>>

84.红某公司诉智某公司等侵害商标权及不正当竞争纠纷案

（一）案情

红某公司及其"红某"字号在厨电行业享有较高知名度。红某公司前员工石某离职后成立智某公司，该公司经转让享有第 5××××××号"红某 e 家及图"注册商标权。智某公司通过红某公司定牌生产厂家在燃气灶、抽油烟机、热水器等产品上使用与"红某"字号近似的"红某 E 家"商标，并联合红某公司 4 家省级经销商在原红某公司的经销渠道进行销售。红某公司主张上述行为构成不正当竞争及商标侵权，遂诉至法院，请求判令停止侵权，并赔偿损失 5000 万元等。

（二）裁判

广州知识产权法院一审认定，智某公司明知红某公司在先字号和商标的知名度，却使用近似商标实施混淆行为，主观上具有攀附他人知名度的恶意，客观上容易导致相关公众误认，构成不正当竞争和商标侵权。在不能适用权利人损失、侵权人获利、300 万元以下法定赔偿的情形下，考虑到红某公司为消除不正当竞争带来的商誉受损等不良影响而投入的广告支出属于侵权直接损失，对其适用 3 倍惩罚性赔偿已超过红某公司的经济损失赔偿诉请，以及侵权人拒不提交或提交部分财务账簿和原始凭证构成举证妨碍的情形，以及侵权恶意和规模等因素，判决全额支持红某公司的 5000 万元诉请等。广东省高级人民法院二审认为，本案结合在案证据和日常生活情理合理认定经济损失的裁量性赔偿，并无不当。2020 年 4 月 15 日，广东省高级人民法院判决驳回上诉、维持原判。

（三）意义

本案为广州知识产权法院首例探索适用惩罚性赔偿制度的反不正当竞争案件，涉及复杂的权利冲突与赔偿数额确定问题。本案准确适用保护在先权利、诚实信用、维护公平竞争的原则，较好地解决了在先字号权与在后商标权之间的权利冲突问题，对类案处理具有较强的示范作用。赔偿问题方面，在当时的反不正当竞争法尚未有惩罚性赔偿规定时，本案根据相关司法解释，参照商标法的惩罚性赔偿规定对反不正当竞争领域的侵权"恶意"以及"情节严重"进行论证，并首创认定权利人广告费作为权利人的部分实际损失。在考虑到以该部分损失作为赔偿"基数"适用3倍惩罚性赔偿的金额亦超过诉请金额的情况下，亦即将惩罚性赔偿的考量作为"印证"裁量性判赔金额合理性的重要因素，全额支持了权利人诉请，刷新了广州知识产权法院当时在商标侵权及不正当竞争案件中的判赔纪录，创造了当时国内厨卫行业知识产权最高判赔记录。本案裁判通过对法律规制的创新适用及妨害诚信诉讼行为的否定性评价，体现了合理运用法律方法对规则进行解释的司法智慧，彰显了人民法院加大知识产权保护力度、平等对待各类民事主体、持续推进良好营商环境的司法态度，有利维护了老字号企业的合法经营利益。本案宣判后，当事人特地致信感谢，国内多家主流媒体对本案进行了详细报道并给予高度好评；2019年广州市"两会"期间，更是有代表专门表扬本案取得良好的法律效果和社会效果。

编写人：龚麒天　广东省高级人民法院民事审判第三庭副庭长
广州知识产权法院原法官

杨春莲

85. 阿某公司诉柯某公司侵害商标权纠纷案

（一）案情

阿某公司是一家制造医疗美容产品的公司，其向我国申请注册了"U×××××××"商标。柯某公司是在 2015 年注册从事医疗美容器械生产、销售的企业，曾于 2016 年 10 月因销售侵犯涉案注册商标专用权的超声治疗仪（俗称"超声刀"）被工商部门行政处罚。2017 年 8 月 8 日，阿某公司与柯某公司就商标侵权行为达成和解。但柯某公司在之后仍继续生产、销售假冒涉案注册商标的产品，并于 2019 年 9 月 10 日被生效刑事判决认定构成假冒注册商标犯罪。阿某公司主张，柯某公司未经许可在超声治疗仪上使用涉案标识侵犯其注册商标专用权，遂诉至法院，请求判令停止侵权并赔偿经济损失及合理开支 100 万元。

（二）裁判

广州市白云区人民法院一审认定，被诉侵权产品整机、配件均为侵犯阿某公司"U×××××××"注册商标专用权的产品，综合考虑涉案注册商标在医疗用超声器械行业的知名度较高、柯某公司与阿某公司签署《和解协议》后未停止侵权行为、被诉侵权行为持续时间较长以及柯某公司的主管人员、直接责任人员已被刑事处罚等因素，判决柯某公司赔偿经济损失（包含合理费用）12 万元。广州知识产权法院二审认为，柯某公司在受到行政处罚并与阿某公司达成和解后，并未履行协议，而是继续实施假冒涉案注册商标的侵权行为，销售数额巨大，且侵权产品直接用于人体面部，可能危及人体健康，侵权恶意明显、侵权情节严重，依法可适用惩罚性赔偿。根据刑事案件中查明的柯某公司销售产品数量以及柯某公司供述的单位利润，计算出柯某公司的侵权获利在 652500 元至 870000 元之间。综合考虑柯某公司的主观恶意程度、侵权行为情节等因素，按照上述赔偿基数的 2 倍确定赔偿数额，据此计算的数额已超过阿某公司的诉请。2021 年 3 月 31 日，广州知识产权法院改判柯某公司赔偿阿某公司经济损失及合理开支 100 万元。

（三）意义

广州知识产权法院作为国家司法改革的新亮点，敢于先行先试，在落实惩罚性赔偿制度的道路上亦走在全国前列。本案系最高人民法院惩罚性赔偿司法解释发布后，广州知识产权法院根据该司法解释适用惩罚性赔偿的首案。本案判决根据侵权人在受到刑事处罚以及与权利人和解后，仍继续实施侵权行为的情况，认定侵权人存在故意且侵权情节严重，最终确定了 2 倍的惩罚倍数，在原审判决仅支持 12 万元的基础上，提高了近 8 倍的赔偿数额，明确传递了加强知识产权司法保护力度的强烈信号，极大地震慑了恶意侵权人。本案裁判为今后适用惩罚性赔偿提供了可参考借鉴的思路，是解决知识产权侵权案件赔偿低、优化知识产权法治环境的一次有益探索。本案于 2022 年入选广东省高级人民法院惩罚性赔偿案例。

编写人：彭　盎

86. 阿某公司诉卓某公司等侵害商标权及不正当竞争纠纷案

（一）案情

原告阿某公司是第 83××××0 号 "🐝" 及第 19××××5 号 "🐝" 注册商标的排他许可使用人，两商标核定使用商品均为第 3 类，包括化妆品、洗发液等。被告杨某、被告道某公司与被告领某公司签订委托加工合同生产 "轻柔丝滑洗发乳" "去屑止痒洗发乳" "精油美肌沐浴原液" "植萃精华护发素" 商品，被告卓某公司将前述被诉侵权商品在拼多多网店 "MR.BEE 官方旗舰店" 销售。被诉侵权商品上使用 "MR.BEE" 图形标识 "🐝"。阿某公司向法院申请调查令，向被告寻某公司调取 "MR.BEE 官方旗舰店" 拼多多店铺自 2017 年 5 月 30 日至 2020 年 5 月 29 日被诉侵权商品全部购买数据，根据寻某公司回函，卓某公司、杨某计算 4 款被诉侵权商品销售金额为 6714326.1 元，阿某公司计算 4 款被诉侵权商品的全部销售金额为 6655911.69 元。阿某公司认为卓某公司、杨某、道某公司、领某公司未经许可生产、销售侵权商品侵害其商标专用权，道某公司使用 "道夫" 企业名称，构成不正当竞争，阿某公司主张适用惩罚性赔偿计算赔偿金额，主张按照 60% 毛利率及被诉侵权商品销售金额 6655911.69 元计算侵权获利作为惩罚性赔偿基数。故诉至法院请求判令卓某公司、杨某、道某公司、领某公司停止侵权并连带赔偿因侵害商标权行为所致经济损失 5000000 元。阿某公司主张寻某公司作为电子商务平台的经营者，为上述卓某公司、领某公司、道某公司、杨某的侵权行为提供了便利，应在 500000 元范围内与卓某公司等承担连带责任。

（二）裁判

广东省广州市白云区人民法院一审认为，道某公司、卓某公司、领某公司、杨某构成商标侵权，道某公司构成不正当竞争，判决卓某公司、道某公司、领某公司、杨某停止侵权，卓某公司、道某公司、杨某连带赔偿阿某公司经济损失 5000000 元（含合理费用），领某公司在 2500000 元范围内承担连带赔偿责任，道某公司另赔偿阿某公司经济损失 100000 元（含合理费用）。广州知识产权法院二审认为，阿某公司在一审中主张适用惩罚性赔偿，经审查后卓某公司、道某公司、杨某构成恶意侵权且情节严重，可以适用惩罚性赔偿。根据阿某公司提供的证据确定注册商标商品的单位利润、卓某公司、杨某的侵权获利数额，并结合阿某公司在一审主张按照 2 倍计算惩罚性赔偿，计算出阿某公司主张的赔偿金额。2023 年 4 月 26 日，广州知识产权法院判决驳回上诉，维持原判。

（三）意义

本案是人民法院适用惩罚性赔偿的典型案例。生效判决厘清知识产权惩罚性赔偿适用的主客观构成要件，明确商标侵权诉讼中"故意"与"侵权严重"认定标准与情形。法院进一步明晰惩罚性赔偿数额计算规则，优先确定以数量计算方法确定计算基数，并根据侵权情节确定倍数，以实现填补权利人损失、惩罚不法侵权人、阻遏侵权的功能。同时生效判决明确在不符合惩罚性赔偿适用条件的情况下，人民法院在酌定赔偿数额时，可围绕被诉侵权人主观故意、侵权行为的性质、侵权情节严重程度、侵权产品所涉领域等惩罚性因素来酌定损害赔偿数额。本案通过依法适用惩罚性赔偿，判决侵权人承担较高的赔偿金额，切实加强对权利人的救济，实现公平、合理保护知识产权的市场价值，彰显司法严格保护的基本立场。本案对于严格知识产权保护、营造良好营商环境具有典型意义。

编写人：蒋华胜　杨　博

87.荣某化学株式会社诉迪某公司侵害发明专利权纠纷案

（一）案情

荣某化学株式会社系专利号为 ×××××××.× 、名称为"合成多核苷酸的方法"的发明专利权人，其主张迪某公司未经许可，制造、许诺销售和销售落入其发明专利权保护范围的"结核分枝杆菌复合群核酸检测试剂盒"产品，构成侵权；迪某公司具有侵权故意且情节严重，应适用惩罚性赔偿。荣某化学株式会社遂诉至法院，请求判令迪某公司赔偿经济损失和合理开支2850万元等。

（二）裁判

广州知识产权法院一审认为，被诉专利侵权行为跨越《民法典》实施之日，故对于惩罚性赔偿的计算，本案使用"分段计算"方法。对于《民法典》施行前的侵权行为，适用2008年修正的《专利法》确定赔偿金额；对《民法典》施行后的侵权行为，适用《民法典》惩罚性赔偿规定。基于双方当事人确认的迪某公司被诉侵权产品销售额、同行业上市公司整体经营利润率、专利贡献度等因素，在确定赔偿基数后，根据案件具体侵权情况确定赔偿倍数为2倍。故判决迪某公司赔偿荣某化学株式会社经济损失2247547.24元等。最高人民法院二审认为，在被诉侵权产品的总销售额可以确定的情况下，本案具备以侵权获利计算赔偿数额的基础；迪某公司系故意侵权，且情节严重，一审采用分段计算方式，适用2倍惩罚性赔偿，并无不当。2024年6月27日，最高人民法院判决驳回上诉，维持原判。

（三）意义

本案为涉医药生物类重大涉外案件，社会影响力大。本案厘清了《最高人民法院关于适用〈中华人民共和国民法典〉时间效力的若干规定》规定民法典适用溯及既往的例外情形，认定"有利溯及"并非仅保护一方当事人的合法权益，故在"有利溯及"判定上，应当限定在对各方当事人均更加有利或者至少对一方更加有利的同时不损害其他方权益的情形。故本案并不符合"有利溯及"的适用标准，在确定赔偿标准上应根据"法不溯及既往"原则确定分段计算，以平衡双方当事人的合法权益，稳定当事人的合理预期。本案裁判结果对同类案件的审慎处理起到了良好的示范作用。

编写人：官　健　齐　柳

88. 健某（中国）公司、诗某公司诉旭某公司、健某（上海）公司等侵害商标权及不正当竞争纠纷案

（一）案情

健某（中国）公司、诗某公司在第5类"医用营养食物及营养品"等商品上持有 G1×××××0 号"Swisse"注册商标，该商标具有较高知名度。原告诗某公司曾与被告旭某公司签订《品牌合作合同》，约定由旭某公司使用"Swisse"品牌产品调制并推广健康茶饮。但该合同终止后，旭某公司与健某（上海）公司在全国多个平台、媒体大肆开展茶饮品店招商加盟活动，授权各加盟店使用含有涉案商标的店名、装潢及广告宣传，收取加盟费。健某（中国）公司、诗某公司多次向二被告发函仍未制止涉案行为。健某（中国）公司、诗某公司请求二被告停止商标侵权及不正当竞争行为，并以侵权获利为基数适用惩罚性赔偿。

（二）裁判

广州知识产权法院经审理后认为，健某（中国）公司、诗某公司涉案商标知名度高，旭某公司、健某（上海）公司分工合作，共同实施商标侵权及不正当竞争行为。双方曾存在合作关系，且侵权人经权利人通知、警告后仍继续实施侵权行为，侵权故意明显；旭某公司、健某（上海）公司利用涉案商标的知名度在全国各地开展大规模招商加盟，获利巨大，且对健某（中国）公司、诗某公司商誉造成严重损害，侵权情节严重。因此，本案应适用惩罚性赔偿。旭某公司、健某（上海）公司主张以侵权人侵权获利作为适用惩罚性赔偿的计算基数，并主张3种计算方式和依据。法院对3种计算方式逐一进行分析，最后采用了"现场公证取证及被市场监管局查获的'Swisse'加盟饮品店23家"及相应加盟费作为计算依据，确定旭某公司、健某（上海）公司的侵权获利，并

综合考虑侵权主观过错程度、侵权行为情节严重程度等因素，确定适用 2.5 倍的惩罚性赔偿，最终判决：被告旭某公司、健某（上海）公司立即停止侵犯原告健某（中国）公司、诗某公司 G1×××××0 号商标专用权的行为，停止涉案虚假宣传的不正当竞争行为，并连带赔偿经济损失及为制止侵权行为支付的合理开支共计 1000 万元；被告旭某公司、健某（上海）公司在《中国知识产权报》与新浪微博首页显著位置刊登声明以消除影响。双方当事人均未提起上诉，判决已发生法律效力。

（三）意义

本案为侵害知识产权民事案件适用惩罚性赔偿的典型案例。涉案商标具有较高知名度。侵权人侵权故意明显，侵权情节严重，获利巨大，对权利人商誉造成严重损害，本案应适用惩罚性赔偿。具体以侵权获利作为惩罚性赔偿的计算基数，并综合考虑侵权主观过错程度、侵权行为情节严重程度等因素，确定惩罚性赔偿的倍数。惩罚性赔偿制度不仅具有补偿功能，还具有惩罚、威慑与预防功能，但计算基数难以确定是知识产权惩罚性赔偿适用不多的主要原因。本案采信证据充分的侵权获利计算基数适用惩罚性赔偿，严厉打击恶意侵犯商标权的行为，彰显知识产权"严保护"的司法理念和司法担当，有效保护加盟商的合法权益，全力护航民营企业发展，进而维护市场竞争秩序，大力推进法治化营商环境建设。

编写人：刘小鹏　徐晓霞

89. 正某公司诉广州食某公司等侵害商标权及不正当竞争纠纷案

（一）案情

正某公司系"正某""正某鸡排"等9个涉案注册商标的权利人。正某公司在全国开设有两万余家分店，明星黄某系其形象代言人，在全国范围内具有一定知名度。后正某公司发现，广州食某公司等共同进行加盟招商，在其线下门店、宣传广告中均大肆使用"白羽正某"等侵权标识，且使用明星黄某形象进行宣传。各被告宣传其招商模式，包括店铺形式、代理形式两种模式，其中店铺模式最低费用为3万元左右，代理费用则高达10万元左右。被告销售员工微信朋友圈显示，全国各地均有被告的加盟合作店铺，仅签约成功就有50多家。正某公司诉至法院，请求判令各被告停止侵权，并主张适用惩罚性赔偿，赔偿其经济损失1000万元。

（二）裁判

广州知识产权法院认为，各被告共同实施了商标侵权及虚假宣传的不正当竞争行为，侵害正某公司多个商标权，并使用正某公司的代言人形象进行虚假宣传，实施的是全方位的侵权行为。通过综合考量被告的侵权情节、侵权规模、侵权故意等因素，认为被告的侵权情节严重，对于正某公司关于按照5倍惩罚性赔偿的主张，予以支持。关于基数，通过整理被告3个微信朋友圈中附文显示的加盟商地点、身份等内容，已基本可见加盟商共56家，其中代理20家，再以被告宣传中最低合作费29800元、代理费80000元计算，可得2672800元。仅以该部分金额进行计算，被告获利再加上5倍的惩罚性赔偿，得到的金额已远超本案诉请，对正某公司主张1000万的赔偿金额，一审法院判决予以全额支持。一审判决后，仅被告李某康提起上诉，因未缴纳上诉费，二审法院按其撤回上诉处理，一审判决已发生法律效力。

（三）意义

知识产权惩罚性赔偿，是遏止与预防知识产权故意侵权行为、严重侵权行为的制度，权利人可请求法院作出超出实际损失的赔偿。适用知识产权惩罚性赔偿制度，对于解决我国知识产权"赔偿难"问题具有重要意义，能够切实提升知识产权侵权案件赔偿数额、一定程度上遏止频发的知识产权侵权行为。但在司法实践中，如何确定惩罚性赔偿计算基数，进而如何计算惩罚性赔偿数额，成为适用惩罚性赔偿制度的一大难题。知识产权具有无形性，知识产权侵权往往具有复杂性、隐蔽性，其侵害难以直接观察，故存在赔偿数额"举证难"和相关证据链条缺失的情形。对于部分知识产权严重侵权案件，存在因难以计算基数，而未适用惩罚性赔偿，导致案件赔偿额相较于侵权行为性质而言偏低。

本案的审理过程中，权利人已尽力完成对于侵权人可能存在侵权获利的举证，但根据其举证，仍不能准确计算出侵权人获利的确切数字。一审法院通过梳理案情，对涉及被告侵权获利的复杂证据予以整理、部分采信，在根据现有证据可以认定的部分获利数额的基础上，认定侵权人获利数额加上倍数，已经超过权利人的诉请，从而全额支持了原告的1000万元诉请。虽然惩罚性赔偿需要以确定的赔偿基数为前提，但是对于赔偿基数的计算精度不宜作过于严苛的要求，可以根据现有证据裁量确定合理的赔偿基数。司法要敢于"亮剑"，对于严重侵犯知识产权的行为，加大惩罚性赔偿的适用力度，才能实现惩罚性赔偿制度的威慑作用。

编写人：丁　丽　潘星予

90. 雷某公司诉美某公司侵害实用新型专利权纠纷案

（一）案情

雷某公司是专利号为ZL2014××××××0.9、名称为"发光二极管灯泡结构改良"实用新型专利的权利人。2017年12月，雷某公司曾就美某公司侵害涉案专利权的行为提起诉讼，该案生效判决认定美某公司的行为确已构成对涉案专利权的侵害，判令美某公司停止侵权并赔偿经济损失6万元。然而，美某公司未主动履行生效判决，法院亦未发现美某公司的可供执行财产信息，导致该生效判决被终结执行。其后，雷某公司发现美某公司再次实施侵害其同一实用新型专利权的行为，遂诉至法院，请求判令美某公司停止侵权并赔偿经济损失25万元。

（二）裁判

广州知识产权法院一审认为，美某公司在已被前案生效判决认定其行为侵害雷某公司涉案实用新型专利权的情况下，拒不履行前案判决，隐瞒财产信息，导致前案执行被终结，存在逃避法律责任的故意。而且，在前案宣判逾1年后，美某公司再次制造、销售侵害同一专利权的产品，应认定美某公司恶意重复实施侵权行为，侵权性质恶劣、侵权情节严重，应在法定范围内承担更重的侵权责任，故判决全额支持雷某公司的赔偿诉请25万元。最高人民法院二审认为，在适用法定赔偿的情况下，综合考虑美某公司的侵权行为性质、侵权情节等因素，以及维权合理开支，雷某公司主张的赔偿数额较为合理，予以全额支持。2022年4月24日，最高人民法院判决驳回上诉，维持原判。

（三）意义

本案积极探索解决知识产权诉讼的"三难"问题，取得良好的法律效果和社会效果，且作为施行民法典的典型案例，由中央人民电视台《民法典进行时》栏目跟进拍摄并作正面宣传报道。本案中，针对侵权人被生效判决认定侵害专利权的情况下，拒不履行前案生效判决确定的侵权责任，再次实施侵害同一专利权的行为，广州知识产权法院综合考虑惩罚性赔偿因素，确定侵权人的侵权赔偿责任，对于权利人的赔偿主张予以全额支持，严厉遏制和打击侵权人的恶意重复侵权行为，加大对湾区城市支柱产业创新科技的保护力度，促进中山市灯具产业的健康发展，彰显广州知识产权法院严格保护知识产权、优化粤港澳大湾区法治营商环境的决心。

编写人：黄彩丽

技术调查案例

>>>>>>>>>>

91. 王某诉桦某公司等侵害实用新型专利权纠纷案

（一）案情

桦某公司在其经营的网店上销售名为"冲锋手枪"的产品，该产品由被告潘某生产。原告王某主张，潘某生产的被诉侵权产品完全落入了其专利的保护范围，而桦某公司则作为销售方，同样应承担相应的法律责任。

争议的核心在于被诉侵权产品中的控制电路板是否构成对原告专利权的侵害。被告提出了两点主要异议：一是被诉侵权产品中的相关元器件仅能实现分压功能，而不具备专利中所述的电压检测功能；二是被诉侵权产品中第二电阻的连接方式与专利中描述的 4 种连接关系均不符。

（二）裁判

在技术事实查明过程中，技术调查官认为涉案专利具有 3 种技术方案，被诉侵权技术方案未使用原告所主张的技术方案 A，而是使用了原告未主张的另一技术方案 C。通过对被诉侵权产品与原告专利技术方案 C 进行详细的技术特征比对分析，借助电子显微镜和万用表等工具，对被诉侵权产品电路板进行了还原分析，并测试了相关电路的连接方式。

广州知识产权法院一审认定被诉侵权技术方案落入了原告专利权利要求 1 中并列技术方案 C 的保护范围。

最终，法院驳回了原告申请对涉案产品是否落入涉案专利进行司法鉴定的申请，并认定被告侵害了原告的实用新型专利权。

（三）意义

本案涉案专利涉及多个并列技术方案，当事人仅对技术方案 A 提出了比对意见，并未对其余技术方案作出维权主张。技术调查工作并没有简单拘泥于原被告双方争论的事实进行认定，而是在充分理解涉案专利技术方案的基础上，通过关键技术特征否定原告提出的被诉侵权产品落入涉案专利权利要求 1 的并列技术方案 A 保护范围的主张，同时针对当事人未主张的其他技术方案也进行详细比对，明确被诉侵权产品落入涉案专利权利要求 1 的并列技术方案 C 的保护范围，并向法官提出建议，进行技术示明，当事人进一步明确技术方案。同时，针对原告要求司法鉴定的请求，技术调查室认为依托技术调查实验室即可查明技术事实，无须进行司法鉴定，向法官提出驳回当事人申请的建议，避免了冗长的司法鉴定程序，在提高办案效率上发挥了较好的作用。

编写人：邹享球　钟富来

92. 乐某公司诉联某公司侵害计算机软件著作权纠纷案

（一）案情

乐某公司主张联某公司侵害了其享有权利的"乐网运营商全业务全流程互联网化受理软件 V1.0"软件著作权，诉请联某公司停止侵权并赔偿损失。联某公司提出反诉，主张乐某公司侵害了其享有权利的"管控系统"软件著作权，诉请乐某公司停止侵权并赔偿损失。本案双方当事人争议的焦点技术问题主要是：1. SVN 文件的建档日期是否能被修改？联某公司 Revision 为 330（2013 年 11 月 22 日）版本的代码是否被修改过建档日期？ 2. 联某公司 Revision 为 330（2013 年 11 月 22 日）的软件源代码与乐某公司提交法院源代码的相似程度。

（二）裁判

广州知识产权法院一审认为，软件开发过程中会多次提交更新修改原有代码，而且一个项目可能会同时有多人参与开发，为了方便管理和记录整个软件项目开发过程，业界通常做法是使用 SVN 软件来实现软件开发过程中不同版本的控制和管理，在多个人员、设备之间，同步不同版本的文档和源代码。现有证据并不能直接得出联某公司 2013 年 11 月 22 日版本的代码是否被修改过建档日期的结论，相反可以看到联某公司 SVN 服务器上的源代码从 2013 年 8 月开始，多年来一直有不断提交和修改的记录，该记录具有合理的顺延性，且提交次数多达几千次，因此联某公司 Revision 为 330（2013 年 11 月 22 日）版本代码真实性较高，该日期被修改过的可能性较低。由于整个涉案软件源代码有 500 页，经过双方确认，比对的对象确认为前后各 5 页及中间随机选取的 20 页，技术调查官现场随机选取了中间的 20 页核心代码（即全部为 java 文件，不包括前台等脚本文件代码，且非公用代码）作为比对对象。经比对，30 页代码总行数为 2152 行，其中相同的代码行数为 1735 行，相似程序达到 80.62%。一审判决乐某公司停止侵权并赔偿联某公司经济损失 12 万元，乐某公司不服一审判决提起上诉，二审判决驳回上诉，维持原判。

（三）意义

本案的典型意义主要在两个方面：其一，此案是广州知识产权法院乃至全国法院有技术调查官参与诉讼活动的第一案，在全国知识产权审判中具有里程碑意义；其二，此案主要涉及的技术问题是分析原告主张的源代码以及被诉侵权源代码的相似性。通常情况下，涉及源代码比对，一般委托专业的司法鉴定机构进行，而本案则由技术调查官组织双方当事人当庭比对源代码，这在充分发挥技术调查官在多种技术事实查明机制中的作用的同时，对于如何定位技术调查官的工作职责、划清多种技术事实查明机制的职责边界，具有重要现实意义。

编写人：邹享球　林奕濠

93. P×× 公司诉菲某公司、长某公司 侵害发明专利权纠纷案

（一）案情

P×× 公司是名称为"表面涂层"的专利权人，其认为被告菲某公司、长某公司共同或各自制造、使用、许诺销售、销售的镀膜设备中，及/或该镀膜设备处理的手机上，使用了原告专利，构成侵权。两被告认为：原告证据不能证明其使用了侵权设备，没有侵害原告专利权。技术调查官参与本案庭审、现场勘验，并对鉴定报告进行审核，出具了技术调查意见。

（二）裁判

广州知识产权法院一审认为：聚合物的制备方法和结构特征可以评价聚合物的新颖性。涉案专利为具有通式 a 的原料在特定工艺过程下制备的含有结构特征 A 的产物，虽未直接表明但却隐含了所制备的产物应符合 AAA 的整体线性结构特征；被诉产品落入其保护范围，除了须满足专利表明的内容，还须具有对应隐含的结构特征；若被诉产品具有与专利原料相同的高分子组分 a，以及含有特征 A 的产物，但新增的活性组分 b 可导致内在反应机理和产品性能明显不同，最终产品将具有 ABABBA 整体交联结构的不同，应视为两项不同的技术方案。

原告证据不能充分证明被诉侵权产品的技术方案具备涉案专利权利要求 1 的第（3）和第（4）两个技术特征，相反，通过理论分析能够说明被诉侵权产品的技术方案未落入涉案专利权利要求 1 的保护范围。而独立权利要求 7，则因其是制备"权利要求 1 的基材的方法"，相应也不能证明被诉侵权方法与涉案权利要求 1 所述产品相同。据此，一审法院认定被诉侵权产品未落入涉案专利保护范围。

原告不服一审判决，向最高人民法院提起上诉。二审中，原告撤诉。

（三）意义

从法律规则适用来看，本案技术事实查明部分涉及制造高分子聚合物的产品原料和方法的同一性比对。这类专利的保护范围受原料结构式、反应机理、工艺参数、用途效果的不同而各有差异。若专利权利要求仅以聚合物原料的结构通式限定保护范围，而对内在反应机理、产品结构性能未做描述，易导致保护范围不清。本案遵循法律原则并结合专业技术知识形成细分判定规则。该规则补充了全面覆盖原则的适用范围，对涉高分子聚合物专利的同一性比对不能简单套用全面覆盖原则具有典型示范意义。

从社会影响来看，本案涉外、涉新材料。案件背后实属手机全球市场争端，关系被告能否上市，社会关注度高。双方依据检测报告展开对话，借助专家证人据理力争。广州知识产权法院联合院外专家开展技术调查工作，科学解读数据、评析鉴定报告，协助合议庭查明技术事实，增强了知识产权审判的专业性和权威性，不仅有利于营造公平竞争的市场营商环境，也有利于保护自主创新成果。本案充分体现了广州知识产权法院贯彻两办《关于加强知识产权审判领域改革创新若干问题的意见》、加大知识产权保护力度的决心，取得了良好的政治效果、法律效果和社会效果。

编写人：赵　军

94. 中某公司诉达某公司、刘某侵害技术秘密纠纷案

（一）案情

中某公司认为被告达某公司的"利用二氧化碳制备聚碳酸亚丙酯多元醇"生产装置，所用原料、工艺、产品均与中某公司相同，各项参数基本相同，侵犯了中某公司的技术秘密。达某公司、刘某认为，双方生产的聚碳酸亚丙酯多元醇产品仅使用了相同的名称，但从化学结构、性能角度而言，两产品实质不同；就技术秘密点而言，达某公司的生产工艺也与之不同；中某公司的证据不能证明所指技术点是中某公司的技术秘密，同时也并不构成"不为公众所知悉"。技术调查官参与了现场勘验、庭审，出具了技术调查意见。

（二）裁判

广州知识产权法院一审认为，不能简单地以达某公司主张的分子量分布不同、颜色不同等极其细微的参数特征来主张双方产品不同，但也不能仅仅以单体分子通式相同这一较为宽泛的归属关系作为判定产品相同的标准；应以该类产品在行业生产和应用的共识来判别：即生产的反应体系是否相同，产品的单体通式是否相同，以及应用方向和领域是否相同。本案中，双方产品的反应体系相同，产品通式相同，应用领域及方向相同，应视为同一类产品。从中某公司的证据来看，其不能自证其具有所主张的技术秘密，且所称技术秘密点部分内容为公知常识，因此，中某公司所称技术秘密点并不构成技术秘密。从现场勘验情况来看，被诉侵权技术方案也与中某公司所称技术秘密点不完全相同。

一审合议庭查明技术事实后，经沟通，中某公司主动撤回了起诉。

（三）意义

知识产权纠纷案件中化工类案件的技术比对相对机械类案件更为困难，通常是因为现场环境恶劣，真实情况难以获取。本案涉及整套化工生产工艺，包括原料、设备、单元操作、工艺参数等，技术上具有相当的专业性，勘验过程的技术事实查明工作也具有相当的危险性和复杂性。

这类案件的技术比对中，需要站位本领域研发设计人员角度，权衡实验室阶段的化学反应规律能否跨越其与生产实际之间的工艺差距而直接适用于工业生产。此外，原料和产品在生产链中的认识也存在很多差异。对于两种产品是否可评判为同一类属，往往容易因化学特征的分类繁杂而发生分歧，考察评判时应结合所在行业区分把握。

编写人：赵　军

95. 长某公司诉爱某公司等侵害商业秘密纠纷案

（一）案情

长某公司认为被上诉人爱某公司、立某公司、赖某制造涂料的两个配方与长某公司产品编码方式和物质编码方式以及配方组分均高度相似，侵害了其技术秘密。爱某公司、立某公司、赖某抗辩声称粉末涂料配方是由多组分组成，各组分的用量即使相差不到1%，产品在性能外观上也大相径庭；只有当所有的组分和含量完全一致的时候，这两个配方才相同或实质相似，据此抗辩认为被诉配方与技术秘密不同。技术调查官依规调派至广东省高级人民法院参与本案庭审、技术比对，出具技术调查意见。

（二）裁判

广东省高级人民法院二审认为：关于涂料配方一，该配方在深圳市中级人民法院固定的证据中有对应配方内容，但其配方中还有子配方，该子配方没有详细的配方内容，故无法进行比对；关于涂料配方二，因为组分和比例准确清晰，具备比对条件。比对中，在长某公司的涂料配方二的主体树脂为环氧树脂和其他某种聚酯树脂，总含量比例为56.3%，而对爱某公司产品所做的上海鉴定结论中的配方主体树脂总含量为64%，所以鉴于两者主要成分的比例差距较大，将导致各自产品的性能和效果明显不同，据此判定两个涂料配方不同。

二审合议庭最终认定，长某公司关于被诉配方使用了与其秘密配方高度类似的产品编码方式和物质编码方式，进而认为侵害其商业秘密的指控依据不足，据此撤销一审判决，驳回长某公司的诉讼请求。

（三）意义

关于涂料行业的配方是不是秘密的问题。通常，企业对于自己的配方都视为核心秘密，认为有商业价值，予以严格保密，为此会利用编码代替原料品名的方式流通在企业生产线上。但是，在涂料行业里，涂料的配方又是十分广泛可得的，在许多书籍和网站上都有免费的大量配方可供学习使用。为什么会存在极其秘密和极其公开的巨大差别呢？这需要对行业发展的过程有比较深入的了解。

此外，就一个涂料配方或整个配方体系的区别度的判断也需要从多个层面考察。单独就一个配方而言，考察因素包括发挥主要作用的主体树脂和具有明显效果的助剂，而一些不是非关键助剂的种类和含量可以忽略，其中对于效果不显著的主体树脂的比例范围也应容许适当浮动；整体就某系列产品的配方体系而言，其考察因素应该是配方体系中具有决定特征的若干关键配方的相同性，并且要考察这些关键配方是否与被对比的配方体系在数量上和体系位置上是否相似。简单来说，涂料配方体系的对比类似于两个打乱的魔方之间色块数量和色块位置的比较，配方体系中的各个配方在数量和序列上相同，任一序列配方的比较参照单个配方的比较。

本案给出了涂料配方构成技术秘密点的案例指引，同时也在涂料配方的相似性程度判断上给出了指引，是在涂料细分领域体现知识产权裁判规则的较好案例。

编写人：赵　军

96. 恒某公司诉电某公司侵害录音录像
制作者权纠纷案

（一）案情

恒某公司公证购买了一台"电蟒（Crazyboa）SH-1 智能云音响"，使用该智能云音响操作点击搜索结果中的 10 首歌曲进行各音频的播放，同时使用抓包软件 wireshark 对上述操作过程及播放过程进行信息读取，读取的数据信息显示"http://mdra.tingwin.com……"，IP 地址为 61.145.118.135。原审法院向中国电信的调查结果显示，www.crazyboa.com 的 IP 地址为 61.145.118.135。本案的争议技术问题在于云音乐资源的提供行为的底层技术实现方式的分析以及服务者的精确判断。技术调查官分析证据后出具了技术调查意见。

（二）裁判

广州知识产权法院二审认为，由电某公司网站上关于被诉侵权产品的说明描述以及公证书上的使用操作过程，可以知道被诉侵权产品主要是通过一个云音乐资源的形式为用户提供服务，用户必须首先通过 Wi-Fi 连接互联网后才可以使用云播放功能。对抓包软件抓取的数据进行分析可知，电某公司并不只是提供搜索链接服务，因为存储音乐资源并为用户提供云播放功能的服务器端与电某公司所有的域名 www.crazyboa.com 对应的服务器端为同一个服务器，即云音乐资源是由电某公司直接提供给用户，并非深度链接。二审综合以上技术事实，作出判决，驳回上诉，维持原判。

（三）意义

本案不同于传统的网络信息传播侵权案件，需要判断电某公司提供云音乐资源供用户使用的行为是否构成提供行为。电某公司生产的智能云音响连接互联网后可以在线播放涉案歌曲，那么对云音乐资源的提供行为的底层技术实现方式的分析以及服务者的精确判断是本案双方当事人的争议焦点，也是案件裁判的关键技术点。本案技术调查工作通过对网络信息传播侵权案件中云服务模式底层技术实现原理进行分析，将云服务深层的技术实现方式加以透彻解读，并对各种链接方式在技术角度上的不同进行比对分析，形成了网络交互服务模式的判断标准与形式。

编写人：林奕濠

97. 东某公司诉中某公司等专利申请权权属纠纷案

（一）案情

本案涉及东某公司与中某公司、简某、黄某之间的专利申请权权属纠纷，涉及 5 项专利申请。东某公司诉称，涉案专利的发明人曾在其公司担任研发人员，参与研发了与涉案专利技术方案相同的技术方案，因此涉案专利属于职务发明，专利申请权和专利权应归东某公司所有。而被告方则主张，东某公司提交的所谓技术资料仅为基本的应用图，与涉案专利申请的独立产品权利要求技术特征之间不相同也没有关联性，涉案专利均属于被告所有。

技术事实争议主要集中在两点：一是原告提供的证据与本系列案 5 个专利是否具有技术关联性；二是原告提供的证据与本系列案 5 个专利的技术特征是否相同。为此，技术调查工作结合原被告提交的多份证据材料，进行了深入的比对和分析。

（二）裁判

技术调查工作通过详细比对原告提交的《商用燃气厨具电路原理图》《商用炉具熄火保护点火控制系统式用书》《使用说明》《厨具蒸柜控制器接线图》等证据材料，以及被告提交的《2009 年设计的燃气商用设备通用型点火控制器电路图》，从多个角度对涉案专利的技术关联性进行了全面分析。

经过比对，广州知识产权法院一审认为，原告证据与本系列案各涉案专利的独立产品权利要求、说明书以及被告证据中的电路原理图均具有技术关联性。具体而言，原告证据中的电路原理图与涉案专利的电路结构相似，且虽然存在部分电子元件的差异和控制方法中具体参数、判断条件的区别，但这些差异和区别属于本领域技术人员的常规设计或惯用手段。

基于上述分析，最终认定本案原告证据与本案专利申请的电路部分具有技术关联性，并得到了双方当事人的认可，五案均以调解方式结案。

（三）意义

首先，创新了技术查明方式。本案打破了知识产权类案件对复杂电路案件只能通过鉴定查明的传统方式，通过技术调查工作的深入分析和比对，有效查明了案件的技术事实，大大减少了诉讼时间，节约了当事人的维权成本。

其次，提供了有价值的调查思路。在本案技术调查工作中充分考虑了发明创造背后的技术原理和常规的实施方式，结合设计原理图和产品的每一个零部件的具体作用和实施方式，将产品的不同零部件化零为整，进行整体考虑和分析，对于同类案件给出了极具参考价值的调查思路。

最后，促进了案件的调解。法院充分利用技术调查官对案件技术事实的深度理解，通过技术调查官与双方当事人的直接沟通，充分释理，使得双方当事人形成了共识，促成了案件的调解，达到了案结事了的目的，取得了很好的效果。这不仅有利于维护当事人的合法权益，也有利于促进社会的和谐稳定。

综上所述，本案在技术查明方式、调查思路以及案件调解等方面均具有重要意义，为同类案件的审理提供了有益的参考和借鉴。

编写人：邹享球　钟富来

98. 联某公司诉超某等六公司
侵害发明专利权纠纷案

（一）案情

联某公司享有专利名称为"混凝土楼板预留开孔的成型装置"的发明专利权，认为被告超某公司、中某公司、宝某公司、柏某公司、汉某公司、中电某公司六被告共同使用了该专利技术，构成侵权。超某公司、中某公司、宝某公司、汉某公司共同辩称：被诉侵权的成型装置没有落入涉案专利的保护范围，被诉侵权的成型装置有合法来源；中某公司、宝某公司实施的是现有技术等。技术调查官参与本案的现场勘验、召开技术调查官联席会议、邀请技术咨询专家提供技术咨询，出具了技术调查意见。

（二）裁判

广州知识产权法院一审认为，专利中的用途特征对所要求保护的结构、组成本身没有带来影响，未对该技术方案获得授权产生实质性作用，只是对产品或设备的用途或使用方式进行了描述，则对权利要求的保护范围没有限定作用；反之，则具有限定作用。本案专利中的权利要求1中，"其固定在一模板上""在灌浆形成一混凝土楼板时""得以在该楼板上预留开孔"这些技术特征对于涉案专利的保护范围均有确定无疑的限定作用，说明垫衬组件只有在土建施工和机电施工整个阶段与装置中其他部件完整组合，才能构成与专利保护范围相同的技术特征；而被诉产品仅仅在专利保护的部分时间范围内的机电施工阶段与其他部件组合，其技术特征并不完全具备，不应视为覆盖了专利保护的所有技术特征。

一审判决驳回原告的诉讼请求。原告不服，向最高人民法院提起上诉。二审驳回上诉，维持原判。

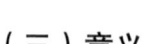

（三）意义

本案技术调查工作主要涉及如何把握专利主题名称中的应用环境、用途特征对专利有无限定作用的司法认定问题。亮点有五：一是就专利的应用领域和用途特征在什么条件下对权利要求的保护范围有无限定作用，提出了准确把握这类条件的实践操作方法；二是该案就同一事实在上海知识产权法院同期审理的另一起确认不侵犯专利权纠纷案，广沪两院的认定应当相同；三是本案为解决技术认定的一致性问题，采用了多种技术事实查明手段，先后开展了技术调查官现场勘验、咨询技术咨询专家、召开技术调查官联席会议展开大讨论、参与专业法官会议进行演示说明等工作；四是案涉金额高达1200万元，涉及大陆和台湾地区多家企业，社会影响面广；五是包含应用环境、用途的主题名称在确定专利权保护范围时，司法实践中确有争议，办理类似案件较易走偏。

从社会效果来看，本案体现了广州知识产权法院通过设立技术调查官联席会议，不断完善技术事实查明机制，加强司法认定专业性方面所取得的显著成效。整体而言，彰显了广州知识产权法院为营造良好营商环境，而在敢于担当、追求专业和大胆创新方面所作出的不懈努力。

编写人：赵　军

99. 阳某公司诉佳某公司侵害实用新型专利权纠纷案

（一）案情

原告阳某公司是名称为"一种马达轴芯检测装置"的专利权人，阳某公司认为被告佳某公司制造的被诉侵权产品落入涉案专利权利要求的保护范围。佳某公司认为被诉侵权产品不具有涉案专利的正反料管，其装置检测的并非正反料而是长短料。在现场勘验中，双方当事人经调试后均无法将被诉侵权产品正常运行，无法通过现场直接确认被诉侵权产品实际运行过程中检测的是正反料还是长短料。技术调查官参与了现场勘验、庭审，出具了技术调查意见。

（二）裁判

广州知识产权法院一审认为，被诉侵权产品使用的传感器具备工件形状检测、瑕疵检测、分类检测等多种检测功能，具备检测正反料和长短料的能力。被诉侵权产品客观上具备两个出料口的结构，至于是正反料还是长短料，取决于前段工序的检测设置，使用者在正常运行过程中可根据实际情况予以调整，对于该技术特征的认定仍应以被诉侵权产品实际具备的检测能力为准。因此，虽无法实际检测被诉侵权产品在实际运行过程中是否用于检测正反料，但根据图像传感器的说明书可认定被诉侵权产品的图像传感器具备检测正反料和长短料的能力。被诉侵权技术方案具备与本案专利权利要求 1 对应技术特征相同的技术特征。据此认定佳某公司构成专利侵权，判决佳某公司赔偿阳某公司经济损失及合理费用共 20 万元，驳回阳某公司的其他诉讼请求。最高人民法院二审驳回上诉，维持原判。

（三）意义

在现场勘验过程中，由于各种不确定因素会遇到机器无法运转的情况，无法直接确定被诉侵权产品能否适用于权利要求中限定的具体用途或应用领域。当无法对产品进行操作演示时，可在查明产品结构以及相关技术参数的基础上，确定被诉侵权产品能否适用于权利要求限定的用途功能。

编写人：练景峰

100. 谢某诉华某公司侵害实用新型专利权纠纷案

（一）案情

原告谢某是名称为"改良的抓物游戏机抓爪"的实用新型专利的专利权人，其认为被告华某公司制造、销售、许诺销售的被诉侵权产品上，使用了原告专利，构成侵权。华某公司认为：1. 涉案专利权已于 2022 年 3 月 15 日终止，无判令"停止侵害"涉案专利权的事实依据和法律依据；2. 被诉侵权产品不落入涉案专利的保护范围，不构成侵权。技术调查官参与本案庭审，出具了技术调查意见。

（二）裁判

广州知识产权法院一审认为：通过拆解比对被诉侵权产品，认定被诉侵权技术方案没有落入涉案专利权利要求 1 的保护范围，不构成侵权，驳回谢某的诉讼请求。

案件审理中，为高效准确地查明技术事实，于广州知识产权法院技术调查实验室开展物证拆解及技术比对工作，双方当事人都表示认可，庭审工作得以顺利进行。

一审判决后，谢某不服，向最高人民法院提起上诉。二审中，最高人民法院维持原判。

（三）意义

对于技术类案件，一般双方当事人会在庭审现场对被诉侵权产品进行技术比对，在条件允许的情况下会对被诉侵权产品的物证进行拆解以方便技术比对。当庭审现场并不具备拆解物证的设备和条件，双方当事人也未准备合适的拆解工具时，法院为当事人提供技术调查实验室，让技术比对工作得以及时开展，使整个庭审工作不因物证拆解设备的限制而中断，提高了技术事实查明的效率。同时，拓宽了技术调查实验室的使用时间和空间维度，将技术调查实验室的使用时间提前到了庭审中，相当于将技术调查实验室移动到了庭审现场。本案中及时高效利用技术调查实验室来助力技术事实查明的举措对其他案件具有很强的借鉴意义。

编写人：原敏强　庄兆佳